Cuisiner c'est MÉDITER

Comment la cuisine peut nourrir notre vie spirituelle

Titre original : *Finding yourself in the kitchen*

ISBN : 978-2-412-01707-4
Dépot légal : avril 2017
Imprimé en Espagne
Traduction : Frédérique Corre-Montagu (anglais)
Lecture correction : Valérie Gios
Maquette et iconographie : Marie Donzelli
Photographies : ©Istock, à l'exception de la p.100 : ©Fotolia.

Édition First, un département d'Édi8
12, avenue d'Italie
75013 Paris – France
Tel. : 01 44 16 09 00 – Fax : 01 44 16 09 01
Email : firstinfo@efirst.com – Site internet : www.editionsfirst.fr

Cuisiner c'est MÉDITER

Comment la cuisine peut nourrir notre vie spirituelle

Dana Velden

Préface d'Ariane Grumbach, diététicienne gourmande

FIRST Editions

Je dédie ce livre aux lecteurs de mes billets « Weekend Meditation » sur le site *The Kitchn*. Sans vos éloges et vos encouragements, je n'aurais pas eu la confiance et le courage d'écrire un livre. Comme vous y avez cru, j'ai fini par y croire !

Préface

Cuisiner, c'est méditer ? Voilà qui risque d'en étonner certains, d'en agacer d'autres. Etonner ceux qui ne voient pas le rapport entre la cuisine, corvée, stress ou banalité du quotidien, et la méditation calme et posée. Agacer ceux qui n'en peuvent plus de cette mode de mettre la méditation à toutes les sauces, de nous faire croire qu'elle est la solution miracle à tous les problèmes de l'époque. Qui imaginent un n-ième livre de développement personnel qui surfe sur les tendances (waouh, la cuisine + la méditation, carton assuré !). J'aurais pu facilement faire partie des sceptiques soupirant et je dois dire que j'ai un peu hésité avant d'accepter d'écrire cette préface. Mais j'ai lu le livre. Et je l'ai adoré ! Bien sûr, il y a un peu de tout ça. Mais c'est écrit tout en légèreté sans prise de tête. Et en même temps avec de vraies pistes de changement. Est-ce un livre de cuisine ? Pas principalement. Il y a très peu de recettes mais elles sont simples, essentielles et déclinables.

Ce qui m'est venu, c'est que c'est peut-être plutôt une version moderne et occidentale des « Instructions au cuisinier zen ». Connaissez-vous ce petit manuel de sagesse culinaire écrit au treizième siècle au Japon par Dôgen ? Il y a une trace de cela, sans doute car l'auteure a passé du temps dans un monastère zen à un moment où elle allait très mal et cela a changé sa vie. Elle y a bien sûr pratiqué la méditation et surtout elle a appris à vivre, faire des tâches ménagères, cuisiner en conscience. Elle propose donc de nous accompagner dans un chemin similaire, centré sur la cuisine.

J'ai aimé l'incitation à vivre dans le présent, l'attention aux sens, l'idée d'embellir la cuisine, et de revaloriser l'acte de cuisiner. J'ai été charmée par ce récit personnel, riche en réflexions sur notre rapport à la cuisine aussi bien qu'en conseils concrets pour changer un peu ce lien. Avec des idées qu'on peut appliquer sans tarder comme par exemple placer un saladier de citrons, joli, gai et utile, dans sa cuisine.

Ce livre a largement fait écho en moi du fait de mon activité de diététicienne qui cherche à réconcilier les personnes avec la nourriture, qui leur (ré)apprend à manger de tout en écoutant leurs envies et leur faim. J'aimerais que chacun trouve du plaisir à manger au quotidien et comprenne que donner de bons aliments variés et savoureux à son corps n'est pas une triste punition mais un moyen de prendre soin de soi, d'être en forme et de se respecter. Et pour moi, bien manger passe assez nécessairement, le plus souvent possible, par cuisiner. Je ne diabolise pas l'industrie agro-alimentaire mais je préférerais sincèrement que les produits transformés occupent une place mineure dans notre alimentation. Ne serait-il pas plus intéressant de reprendre la maîtrise de ce que nous mangeons ? Surtout pas en nous privant ou en se lançant dans de tristes régimes « sans » mais en CUISINANT ! Le temps passé à cette activité quotidienne n'a fait que décroître. Et je vois bien combien cela est parfois une corvée, une obligation usante, une occupation monotone pour beaucoup, en particulier les femmes, qui sont très majoritairement en charge des repas du quotidien.

Beaucoup de personnes aujourd'hui redoutent, boudent, s'agacent face à la cuisine, surtout celle qui revient quotidiennement qu'on soit seul, en couple, en famille. Alors on expédie la préparation le plus vite possible, on pense à autre chose, on se dit qu'on aimerait être ailleurs. Oh que non ! nous dit l'auteure.

Pourquoi ne pas prendre plaisir à être là, justement, puisqu'on n'a pas le choix ? Cela rejoint une suggestion que je fais parfois aux personnes qui font la cuisine sans plaisir, en se dépêchant parce qu'on rentre tard le soir, qu'on a faim et qu'il est urgent de dîner : il y a le chemin et le but, et l'un est aussi important que l'autre, le chemin de la préparation du repas et pas seulement le but de proposer quelque chose pour se sustenter. Pour ma part, je ne vois jamais comme une corvée le fait d'éplucher/couper des légumes mais comme un moment normal, nécessaire, tranquille, qui m'absorbe si je ne veux pas couper ma main autant que mes légumes ! C'est cette voie qu'approfondit Dana Velden : cuisiner consciemment, être pleinement présent à ces moments-là, exercer ses sens pour ressentir textures, parfums... Plutôt que se dépêcher et râler contre cette corvée, ne pourrait-on apprendre à la considérer autrement, en faire un moment agréable en soi, un moment à soi, un moment pour soi ? Un moment où l'on peut exercer ses sens, un moment que l'on pourrait qualifier de méditation active (en espérant ne pas vous effrayer, rien de compliqué là-dedans !) : juste un moment où on est présent à ce qu'on fait, ce qu'on ressent, ce qu'on perçoit. Tourner l'attention vers ce qu'on fait au moment où on le fait. Il ne s'agit pas forcément de se lancer dans la méditation. Juste s'exercer à être plus présent à différents moments. Être concentré sur l'épluchage d'une courge permet de s'entraîner à être moins dans sa tête à ressasser ou anticiper. Et si on cultive cette présence en cuisine, on la développera sans doute peu à peu ailleurs. Et cela ne veut pas dire y passer des heures ! Simplement ralentir un peu et surtout « habiter » le moment de la cuisine réellement pour en profiter. Et faire une chose à la fois. N'en déplaise à ceux qui sont persuadés d'être multi-tâches, je suis persuadée (et les neuro-scientifiques me donnent raison), qu'on ne fait bien qu'une chose à la fois. Et, si on coupe des légumes avec un bon couteau, on a intérêt à être concentré !

Je parle d'ailleurs souvent aux personnes qui travaillent de la nécessité de se prévoir un sas quand elles rentrent : un moment de transition entre la vie au travail et la fin de journée chez soi, un temps pour décompresser des éventuelles tensions de la journée. Le temps de cuisiner peut être ce sas si on ne le prend pas comme une course de vitesse et qu'on n'est pas tenaillé par une faim urgente.

J'aimerais tellement qu'on se convainque, dans tous les milieux, à tous les âges, qu'on soit seul(e), en couple ou en famille que ce n'est en aucun cas du temps perdu. Face aux personnes, nombreuses, qui ne voient que monotonie dans la cuisine, l'auteure défend l'idée que chaque jour, chaque légume, chaque geste est nécessairement unique et éphémère. Et donc, que si on est présent à ce qui est dans l'instant, on ne peut pas s'ennuyer ! Certes, elle ne conteste pas qu'on puisse mettre de la musique pour créer une certaine ambiance, cette souplesse que j'évoque souvent face au discours des « ayatollahs » de la stricte pleine conscience. Pour changer ce moment, il est important aussi que l'environnement soit agréable et, outre les citrons, on peut jouer sur les couleurs, les lumières, les ustensiles… Pas besoin d'un luxe d'ustensiles sophistiqués ou d'une cuisine immense pour savourer l'acte de cuisiner. On peut aussi créer l'étonnement en s'aventurant hors de ses sentiers culinaires. On peut partir des appétissantes propositions de Dana Velden. Toujours curieuse de recettes savoureuses et pas compliquées, j'ai testé certaines propositions du livre : même si cela n'est pas d'abord un livre de cuisine, je n'aurais pas aimé que les recettes soient infaisables ou mal expliquées. C'est d'autant plus essentiel dans un livre qui veut vous remettre à la cuisine ! Qui s'adresse à des personnes pas nécessairement expertes du domaine. Que celles-ci sachent que l'apprentissage de la cuisine n'est jamais désespéré. Moi-même, j'ai appris à cuisiner à l'âge adulte et je continue à progresser en expérimentant, avec ou sans recette. Et j'ai aimé la souplesse de certaines recettes qui rejoignent mon idée de s'accorder avec les saisons et son garde-manger pour faire varier une base fixe, par exemple un curry de légumes.

Une autre idée qui m'a plu, c'est de faire l'expérience du *sôji* des temples zen : se consacrer à une tâche, a priori rébarbative, pendant une période de vingt minutes : pendant ce temps-là, on ne pense pas qu'on aimerait être ailleurs, on ne se met pas en position d'attente que cela se termine, on ne fait que se consacrer à cette tâche. À tester pour ce qui vous barbe ! Détail amusant, sans connaître spécifiquement le *sôji*, c'est une tactique que je suggère parfois à mes patients qui procrastinent leurs tâches les plus rébarbatives, chez eux ou au travail (et mangent pour justifier ce délai). Moi, c'est notamment le repassage et je vous assure que cela marche ! Dana Velden prend aussi en compte notre ressenti émotionnel global et donne des pistes pour utiliser la cuisine quand ça ne va pas, par exemple pétrir une pâte à pain peut un moyen de déverser sa colère et son agressivité d'une façon pacifique !

Faire de la cuisine un moment sensoriel et plaisant, découvreur et ressourçant, cela vous dit ? Avançons avec Dana Velden pas à pas, chacun à son rythme.

Ariane Grumbach
Diététicienne-nutritionniste

SOMMAIRE

Toi qui lis ceci, tiens-toi prêt.

William Stafford

À partir d'ici, de quoi veux-tu te souvenir ?
De la lumière du soleil qui grignote un sol brillant ?
De l'odeur de vieux bois qui plane,
du bruit adouci de l'extérieur qui emplit l'air ?

Offriras-tu jamais plus beau cadeau au monde
que le respect vivant dont tu es le porteur
où que tu ailles à cet instant même ?
Attends-tu que le temps te propose une meilleure alternative ?

Quand tu retourneras à partir d'ici,
hisse ce nouveau regard ;
porte dans la nuit tout ce que tu veux
à compter de ce jour.
L'instant que tu as passé à lire ou à entendre ceci,
garde-le en vie.

Que peut-on offrir de plus grand que l'instant présent,
à partir d'ici,
de cette pièce même,
quand tu te retourneras ?[1]

1. Source : *L'Éveil des sens* de Jon Kabat-Zinn.

Introduction

Il y a quelques années, vers mes 35 ans, ma vie s'est effondrée. Alors je suis partie vivre dans un Zen Center dans les montagnes sauvages de Californie du Nord. Le matin et le soir, je méditais pendant des heures avec les moines et l'après-midi, je travaillais. Je me retrouvais souvent dans la cuisine, ce qui me convenait parfaitement, mais il m'arrivait aussi de nettoyer la salle de bains commune, de creuser des fossés ou de cueillir des fleurs pour les autels.

Un divorce, la mort de mon père et une opération difficile m'avaient détruite, secouée. Petit à petit, à force de méditer et de travailler, notamment dans la cuisine, j'ai commencé à me reconstruire et à regrandir – pas sous une forme nouvelle et parfaite mais sous une forme plus forte, qui me ressemblait plus.

Les cuisines zen sont souvent strictes et silencieuses. Un chef vous donne des tâches et vous devez les effectuer, que vous les aimiez ou pas. J'avais bien sûr énormément de préférences et d'opinions. Je préférais couper les carottes que de laver les choux ou de trier la salade et j'adorais que ce soit mon tour de faire la soupe pour le déjeuner même si, là encore, la tradition m'interdisait d'y apporter ma petite touche personnelle. Par exemple, je ne pouvais pas rajouter de cumin à la soupe de carotte sans demander la permission au responsable qui, en général, levait un sourcil et me disait gentiment : « Suis la recette, s'il te plaît. » Mais le simple fait de cuisiner, même en suivant juste une recette, impliquait suffisamment de décisions pour que je trouve ça créatif et même un peu excitant.

J'ai ainsi découvert que même si la préparation d'une soupe boostait (d'une façon, certes, limitée) ma créativité, je pouvais aussi m'exprimer à travers des tâches simples et répétitives comme la préparation des ingrédients et les tâches ménagères, et y prendre du plaisir. J'ai aussi ressenti un grand sentiment de liberté le jour où j'ai compris qu'on ne tirait aucun plaisir durable quand on obtenait ce qu'on pensait vouloir ou aimer. J'ai donc appris à arrêter de courir après mes désirs, à m'ancrer plus profondément en moi au rythme de la vie du temple, ce qui m'a permis de vite me rendre compte que je prenais plus de plaisir à accomplir les tâches qu'on me confiait qu'à imposer mes choix. S'il fallait préparer des carottes, je remplissais le seau de 8 litres posé près de moi de ronds oranges tous soigneusement taillés pour avoir les 5 millimètres d'épaisseur réglementaires. C'était l'heure de faire la vaisselle ? Très bien, alors on faisait la vaisselle, on lavait par terre ou on faisait revenir des oignons jusqu'à ce qu'ils soient bien tendres.

Les cuisines zen sont des endroits où règnent l'organisation et la rigueur. Dans mon temple, au mur, au-dessus de l'évier où on lavait les légumes, il y avait un petit cadre contenant un dessin à l'encre légèrement délavé représentant un poisson, avec cette phrase écrite à la main : « Comme un poisson dans une mare, quel plaisir y a-t-il à être ici ? » Quel plaisir y avait-il en effet à être ici ? Ma vie avait beau être particulièrement difficile à l'époque, la cuisine était un espace clos où je me sentais à la fois bien et très curieusement libre. C'était exactement ce dont j'avais besoin pour tenir debout, pour me réparer et recommencer à grandir. Était-ce un lieu toujours agréable ? Bien sûr que non. Mais j'y ai vécu des moments de grand bonheur et j'y ai trouvé des occasions de grandir et de devenir plus forte et plus endurante.

J'y ai aussi appris à ouvrir les yeux et à voir la beauté dans des détails infimes : un seau plein de déchets pour le compost, la flamboyance d'un mélange de radis rouges et de tranches d'orange pour garnir une salade, la façon dont la lumière pénètre dans la pièce et éclaire la pile d'assiettes qui sèche près de la fenêtre. Au fil du temps, j'ai senti une grande sérénité m'envahir et j'ai commencé à vivre ma vie retranchée dans ma bulle de calme, ce qui n'était pas nécessairement doux et confortable. C'était parfois rude comme peut l'être la vie. Quant à la douleur, même si elle n'a jamais complètement disparu (c'est impossible), elle s'est estompée et a arrêté de tout régenter.

Les cuisines zen m'ont énormément appris : savourer l'intense satisfaction qu'on ressent quand on se concentre sur une tâche ; s'investir dans quelque chose sans vouloir se l'approprier ; laisser le bonheur venir à soi et nous montrer ce dont on a vraiment besoin ; prendre conscience que répondre à ces besoins est une forme immense et puissante d'amour. On m'y a aussi enseigné les aspects pratiques du ménage, à tenir un couteau pour pouvoir émincer des oignons pendant une heure d'affilée et la meilleure façon d'assaisonner une salade. On m'a expliqué comment collaborer avec une personne difficile (à mes yeux) et à gérer cette difficulté pour pouvoir trouver une solution bénéfique pour nous deux.

À ce stade, vous vous demandez certainement quel est le sujet de ce livre. Est-ce un livre de cuisine ? Oui mais pas que. Si vous pensez avoir acheté un livre de recettes classiques avec un vrai coup de patte, des descriptifs et des photos, vous vous trompez. C'est plus que ça. Vous y trouverez bien sûr quelques recettes qui, par leur forme et leur structure, ont leur utilité dans le texte comme des pancartes à un carrefour fréquenté. Les recettes sont souvent indispensables pour les cuisiniers en herbe et sont un formidable point de départ pour les plus expérimentés. D'ailleurs, les recettes sont amusantes ! Mais en plus des recettes – ou devrais-je dire au-delà des recettes –, ce livre va vous encourager à être curieux, à vous investir dans les plats que vous préparez et que vous mangez et à aimer l'endroit où tout cela se passe : la cuisine.

Depuis plus de six ans, j'écris le billet du dimanche d'un site de cuisine : *The Kitchn*. Au début, ses responsables l'ont appelé *Weekend Meditation* et m'ont demandé d'aborder le sujet de la nourriture, de la cuisine et de la vie dans la cuisine sous un angle spirituel. Dans mon premier billet, j'ai parlé de la vaisselle : comment se concentrer en lavant des assiettes et comment y trouver du plaisir. Maintenant, après plus de trois cents *Weekend Meditations*, je suis toujours surprise de voir que le sujet, le concept, de s'exprimer à 100 pour cent dans les tâches quotidiennes, est inépuisable. Chaque semaine, je me demande : « Qu'est-ce que je vais pouvoir encore raconter ? » Et chaque semaine, je trouve une nouvelle idée. Ce livre est né de ces recherches même si j'ai fini par m'en émanciper avec un objectif : vous encourager à ouvrir les yeux et à vous investir dans ce qui est devant vous, ici et maintenant.

Il n'y a sans doute rien de plus terre à terre que de préparer deux ou trois repas par jour. Bien sûr, on peut céder aux sirènes de la cuisine « branchée », mais ce serait oublier un fait brut et important : la plupart du temps la vie n'est que routine, simplicité, banalité. On fait les mêmes tartines grillées au petit-déjeuner ou toujours un plat végétarien le lundi soir. On passe notre temps à émincer des oignons, éplucher des pommes de terre et passer encore et encore un coup d'éponge sur le plan de travail. Pas facile de rester concentré quand on fait une tâche répétitive. Ce n'est ni excitant ni sexy. C'est pourquoi on a tous besoin d'encouragements. On doit être encouragé, soutenu pour voir notre cuisine comme un lieu de découverte, un endroit où on peut trouver et dénouer les nœuds qui nous étouffent et nous empêchent de vivre pleinement notre vie.

Il faut aussi laisser l'inspiration venir à nous. Par inspiration, je veux dire une énergie stimulante qui nous pousse à tout laisser en plan pour aller dans la cuisine tenter une nouvelle expérience ou préparer une énième fois un de nos *best of.* Ou alors pour enfin surmonter notre peur de la pâte au levain et communier avec notre grand-mère au-dessus de sa tarte aux prunes. Dans tous les cas, on en ressort différent : connecté et vivant parce qu'on est resté curieux, bien stable sur nos pieds, et qu'on s'est impliqué à fond et avec joie. Mais pour cela, il faut être flexible. Il faut être là, simplement, dans l'instant présent, éveillé. Le plus important dans une cuisine (et dans la vie), c'est d'être présent, pas de savoir manier des couteaux de chef ou d'avoir une ribambelle de livres de recettes. C'est une part essentielle de tout ce dont on a besoin pour vivre, comme l'air, la nourriture, les objectifs, l'amour et le sentiment d'appartenance.

Je ne vis plus au Zen Center de San Francisco et ne travaille plus dans des cuisines zen, mais je me suis installée tout près et j'entretiens toujours des liens étroits et importants avec les gens que j'ai connus là-bas et lors des séances de méditation. Quand j'ai commencé à écrire ce livre, j'ai été surprise et ravie de voir que, bien que je l'aie quittée, la cuisine zen était toujours en moi, comme si les conseils de concentration, d'attention, de gratitude et d'intimité qu'on m'y a prodigués s'étaient diffusés en moi et répandus dans ces pages.

Ce livre, qui n'est donc pas strictement ou clairement un livre de méditation, s'inspire des années que j'ai passées dans les cuisines du Zen Center. J'espère qu'il vous incitera à passer plus de temps dans la vôtre mais surtout, j'espère que vous pourrez y appliquer les conseils qui s'y trouvent sans rien changer à votre vie. Rien ne vous oblige en effet à tout plaquer et à partir vous installer dans une vallée reculée pour découvrir ce que le monde a tant envie de vous apprendre. Il faut juste être là, ouvert et disponible, et écouter ses leçons. Ce que notre beau vieux monde brisé peut nous offrir est illimité, tout comme notre capacité à recevoir.

Chaque jour, le soleil se lève et nous nous levons. Une nouvelle journée commence et bravement, presque mécaniquement, nous mettons péniblement un pied devant l'autre sans savoir ce qu'elle nous réserve. Comment faire face à cette vie imprévisible et chaotique ? Comment réagir à ses nombreux défis, interrogations, plaisirs ? Qu'allons-nous faire quand nous nous trouverons face à nous-même, quand nous nous découvrirons nous-même dans notre cuisine ?

Pourquoi ai-je écrit ce livre ?

Il fait froid et brumeux en ce petit matin d'octobre à Oakland en Californie. Je suis assise à la table de ma cuisine, une tasse de thé chaud entre les mains, à méditer en regardant les dernières tomates du jardin posées dans un plat devant moi. Ce sont des tomates de fin d'été, plus petites et avec sans doute la peau plus ferme, mais elles ont toujours un goût délicieux et méritent de finir en salade. Plus tard, en octobre, l'automne se sera complètement installé avec ses potirons à la carapace épaisse, ses coings pelucheux et ses gros kakis ovales. Mais aujourd'hui, c'est le jour des dernières tomates et je dois avouer que je suis un peu triste de leur dire au revoir.

Les premiers jours d'octobre sont souvent difficiles pour moi. Je me sens fragile, vulnérable. La vie me pèse plus et toutes les joies, les peines, les défis et les plaisirs semblent me toucher encore plus profondément. C'est une période de transition, à la fois excitante et déstabilisante, où je me réfugie plus que jamais dans ma cuisine. J'aime y passer du temps, comme ce matin, à regarder mes tomates. Je veux canaliser encore plus mon esprit et ne penser qu'au sentiment d'immédiateté et d'intimité que procure la tâche la plus simple et la plus basique du monde : me nourrir et nourrir les autres.

Cuisiner m'ancre dans la terre. La plupart du temps, je fais des tâches banales comme couper, peler et laver. Pour le dîner, je reste simple : je prépare un plat que je pourrais manger presque tous les soirs jusqu'à la fin de ma vie. Des milliers et des milliers de dîners derrière moi, et des milliers et des milliers de dîners devant moi (enfin j'espère !). Pour pouvoir servir et manger des aliments frais et sains, je m'oblige à faire la paix avec les gestes banals et monotones que l'on fait tous dans une cuisine. Ce n'est pas si difficile que ça. Cela peut même être agréable quand je m'abandonne à ma tâche et que j'arrête de résister : me concentrer sur une pomme de terre, un oignon, un plat sale à la fois.

Oui, cuisiner implique bon nombre de corvées, mais en même temps, on libère sa créativité, sa curiosité, car il y a chaque jour une nouveauté à découvrir. Même si l'homme moderne a tendance à l'oublier, les ingrédients proviennent en majeure partie de la nature. Ils ne sont donc jamais pareils et varient d'un jour à l'autre, d'un marché à l'autre. Comment cuire cette pomme de terre, de cette variété, de cette taille, en ce jour précis ? Provient-elle d'un entrepôt ou était-elle en pleine terre ? Ai-je envie d'un plat chaud et pâteux (une purée) ou crémeux et doré (un gratin) ? Sera-t-elle la star de mon repas ou juste un accompagnement ? Ai-je de l'ail ? Ai-je de la place dans le four ? Combien de temps ça va me prendre ?

Quand on cuisine, on se dévoile complètement car nos plats racontent ce qui se passe dans notre vie : si on est à découvert cette semaine-là, si on se sent seul, stressé, généreux, débordé, heureux (selon notre état d'esprit à l'instant T). Une fois dans la cuisine, on agit autant en fonction des circonstances que des ingrédients ou de la recette. Aucune recette ne dit de tenir compte du moment présent et pourtant cela a une influence énorme sur le résultat final et le plaisir qu'on va prendre à préparer un plat et à le manger.

Je veux vous encourager à regarder plus intensément et vivre plus intensément. Je pense… non, en fait, je sais… que beaucoup de gens ont besoin de donner un sens à leur vie, d'avoir une existence jalonnée, non pas par une série d'obstacles à franchir (ou à contourner) le plus vite possible, mais par des moments de conscience et de joie. Cette conscience et cette joie ne se cherchent pas, ne s'achètent pas, elles sont là : dans la chaleur que diffuse une tasse de thé dans les mains, dans la contemplation des dernières tomates d'été, dans la peau épaisse d'une pomme de terre ancienne, dans l'odeur de l'ail qui grésille dans l'huile.

Des tas de livres, de sites, de cours et de vidéos montrent comment cuisiner. Mais très peu expliquent comment découvrir et s'adapter à la face cachée de la cuisine : comment éveiller notre curiosité, comment gérer l'ennui et ce que cela peut nous apprendre sur nos erreurs, nos échecs, la beauté et l'intimité. J'ai écrit ce livre pour parler de cet aspect moins connu de la cuisine, pour vous encourager, vous donner envie de ressentir plus profondément ce qui vous arrive et vous faire comprendre que, quelles que soient les circonstances de la vie, on peut tous se sustenter et sustenter nos proches.

Ces dernières tomates d'été ont terminé dans un sandwich, coincées entre du bacon et de la laitue. Rien d'extraordinaire. Mais tout le processus de fabrication (de l'instant où un ami jardinier me les a données à celui où elles se sont retrouvées sur ma table de cuisine, devant mes yeux admiratifs, avant d'avoir le premier rôle dans mon repas) m'a procuré une satisfaction immense, le genre de satisfaction qu'on a quand on s'arrête pour faire le point et qu'on se rend compte que (souvent) ce dont on a besoin se trouve à portée de main.

PREMIERS INSTANTS : LE THÉ DU MATIN ET LA MÉDITATION

Laissez votre porte d'entrée et la porte arrière ouvertes. Laissez vos pensées aller et venir. Contentez-vous de leur servir du thé.

Suzuki Roshi, maître zen et professeur de méditation

Ce matin, comme tous les matins, je me suis levée et je suis allée dans ma cuisine me faire un thé. Pendant que l'eau bouillait, j'ai tranquillement rangé la vaisselle qui avait séché dans la nuit et jeté à la poubelle quelques croûtes de pain égarées sur le plan de travail. Puis j'ai fait mon thé : un mélange spécial « petit-déjeuner » bien chaud et bien fort que j'ai tenté d'adoucir avec un nuage de lait. Puis je suis allée m'asseoir sur une chaise dans mon salon et j'ai passé une dizaine de minutes assise là, à boire des petites gorgées de thé chaud, attentive aux pensées qui me traversaient l'esprit.

Je fais ça tous les matins. C'est ma séance de méditation à moi. Les règles sont simples : je peux penser mais pas planifier ou anticiper ce qui va se passer dans la journée. Pas de stratégie, pas de ruminations sur des douleurs passées, pas d'idées folles ou exaltantes. Juste une tasse de thé et être consciente de ce qui vient.

Oui, le cerveau ne peut pas s'empêcher de planifier, ruminer, anticiper. C'est son travail. D'ailleurs, parfois, tôt le matin alors que le soleil ne s'est pas encore levé, mon cerveau s'agite déjà comme un bébé chihuahua. Si je dois faire un effort, c'est donc celui-là : ne pas me laisser submerger par ces pensées et cette énergie. J'aurais tout le temps dans la journée de penser à mes comptes, à mon dernier check-up chez le dentiste ou à essayer de trouver des rutabagas au marché pour le dîner.

La plupart des matins, mes pensées sont douces et basées exclusivement sur ce que je vois : le soleil qui se lève plus tôt et qui a décalé sa course pour venir taper directement dans la fenêtre ou le chant d'un oiseau qui s'est espacé ou atténué maintenant que le printemps est bien avancé. Certains matins, j'entends le bruit et les clameurs des éboueurs ou le bavardage anodin d'un promeneur de chien dans son téléphone. Je peux aussi remarquer l'odeur d'ail et de piment laissée par le chorizo de la veille ou la poussière qui continue à s'accumuler sur les plinthes.

Quoi qu'il en soit, j'essaie de continuer à observer, sans rien penser. J'essaie de vivre l'instant présent et pas le passé ou le futur. J'essaie juste de remarquer et d'apprécier ce que ce nouveau matin m'apporte. J'ai le reste de la journée pour prendre des décisions et agir. Il y a suffisamment d'heures dans une vie pour ça. Ces instants matinaux ne doivent être consacrés qu'à une chose rare et précieuse : être soi.

Une dizaine de minutes plus tard, ma tasse est vide, je suis un peu mieux réveillée, un peu plus là et un peu plus prête à remplir une mission impossible : être à la hauteur de l'immense privilège d'être un être humain.

C'est un rituel que j'accomplis chaque jour. Et je vous recommande fortement de vous en inspirer.

HUIT TRUCS FACILES POUR ÊTRE HEUREUX DANS SA CUISINE

Il y a quelques années, j'ai écrit un billet pour *The Kitchn* appelé « Dix trucs faciles pour être heureux dans sa cuisine ». Il a très bien marché et de nombreux lecteurs ont posté des commentaires pour décrire leurs petits bonheurs à eux. En relisant tout ça récemment, j'ai vu que la plupart de mes conseils étaient encore valables aujourd'hui.

En voici une version légèrement modifiée. J'espère qu'elle vous donnera envie de vous rendre heureux dans votre cuisine. Si c'est un concept inédit pour vous, prenez le temps d'y réfléchir. Remarquez ce qui vous met en joie. Notez les détails matériels ou immatériels qui contribuent à votre bonheur, mettez-les en place et savourez-les le plus possible.

1. **Ayez un garde-manger bien garni.** Avoir un garde-manger bien garni est fondamental dans une cuisine, qu'on ait envie d'y être heureux ou pas. Il faut donc le surveiller de près. En ce qui concerne les denrées non périssables, rien n'interdit d'avoir ses étagères remplies en fonction de son espace et de son budget pour pouvoir, à tout moment, se rendre dans la cuisine et préparer un bon repas pour sa famille ou des invités surprise.

Le contenu du garde-manger (comme du réfrigérateur) dépend de la personne qui cuisine. Il reflète ses centres d'intérêt, son savoir-faire, ses revenus, sa culture alimentaire ainsi que la place et le temps dont elle dispose. Il contient les produits qu'on prend sans y penser et qu'on n'oublie jamais de racheter quand on en a besoin. Ce sont les basiques.

Il faut aussi penser à y mettre de quoi faire son plat préféré ou une certaine sorte de plat ou de recette. Ce sont des produits plus spécifiques comme ceux pour faire une sauce particulière, par exemple, ou alors différentes sortes de farines pour faire du pain. On ne les utilise pas forcément tous les jours, mais le fait de les avoir là permet de casser la routine et de s'amuser de temps en temps.

Quand j'achète des produits alimentaires, je tiens aussi compte de leur temps de cuisson et de leur mode de préparation pour en avoir plusieurs qui peuvent être cuisinés rapidement ainsi que pour des recettes plus longues ou qui prennent plus de temps. Par exemple, dans la partie « légumes », j'ai des boîtes de haricots rouges (qui cuisent vite), des lentilles (qui cuisent un peu moins vite) et des haricots secs (qui cuisent beaucoup moins vite).

Je vous conseille aussi d'avoir quelques outsiders dans votre garde-manger, un ou deux produits originaux qui donnent envie de sortir du train-train quotidien. Cela peut être un ingrédient simple comme une variété spéciale de haricots secs, ou exotique comme un pot de citrons confits.

2. **Faites pousser des plantes aromatiques dans des pots.** Je n'ai, je crois, jamais rencontré de cordon-bleu qui n'ait pas d'herbes fraîches sous la main. Mes talents de jardinière étant très limités, c'est très compliqué pour moi car tout meurt vite entre mes doigts. Mais je persiste parce

que je suis convaincue des bienfaits des herbes fraîches. Elles apportent une fraîcheur et un goût impossibles à égaler (les pots d'herbes séchées sont rarement à la hauteur). Donc, si c'est possible, essayez de faire pousser des plantes aromatiques dans des pots sur le rebord de la fenêtre de votre cuisine ou dehors, tout près de là. Vous serez étonné de voir à quel point elles vont vous inspirer. Un clic par-ci, un clic par-là et soudain vous voilà parti dans une nouvelle direction !

Si vous ne pouvez pas faire pousser des herbes chez vous, achetez-en au marché ou au supermarché et gardez-les dans l'eau sur votre plan de travail. Traitez-les comme des fleurs en coupant leur pied et en leur changeant souvent l'eau. S'il fait chaud, dans votre cuisine, je vous conseille plutôt de les mettre au réfrigérateur, toujours dans de l'eau, avec leurs feuilles recouvertes d'un sac plastique.

3. **Domptez le bazar (enfin, essayez !).** La plupart des cuisines qui servent vraiment ne ressemblent en rien aux cuisines épurées, étincelantes et presque vides qu'on voit dans les blogs et les magazines. Entre les paquets à moitié entamés de pâtes et les huit sortes de vinaigres, sans parler de la myriade d'ustensiles pour fouetter, retourner, battre, filtrer, mesurer, couper, émincer, râper, presser et incorporer, on a tendance à avoir des tonnes d'affaires. Et comme beaucoup ont la fâcheuse tendance de s'accumuler, il faut – dans une certaine mesure – gérer et dompter le bazar.

Après, à vous de choisir la marche à suivre et le résultat que vous voulez obtenir. Peut-être que vous avez la place de tout cacher derrière des portes fermées. À moins que vous soyez de ceux qui, pour bien cuisiner, ont besoin de voir ce dont ils disposent. Quel que soit votre style, il est beaucoup plus agréable de travailler dans une cuisine propre avec une grande surface de travail dégagée et les équipements et ustensiles rangés à leur place. Et si, chez vous, le bazar est un art de vivre, essayez de l'organiser le plus possible et n'hésitez pas à faire du vide de temps en temps.

4. **Aimez vos affaires**. J'aborderai ce sujet en détail plus tard dans ce livre mais en attendant, une petite piqûre de rappel : il faut aimer les objets qu'on utilise dans une cuisine. Si vous poussez un soupir de frustration chaque fois que vous prenez votre vieille poêle cabossée au manche branlant, vous prendrez moins de plaisir à cuisiner. Investissez dans du bon matériel en vous promettant de l'entretenir pour qu'il dure toute la vie. (Mieux encore, dégottez la pièce rare dans un magasin de produits d'occasion ou une brocante : c'est étonnant de voir ce que peuvent vendre les gens !). Peu importe comment et où vous le trouvez, ou même son niveau de qualité, si vous aimez vraiment votre matériel, vous l'utiliserez souvent et vous l'utiliserez avec plaisir.
5. **Essayez la technique de Deborah Madison**. Deborah Madison - une célèbre chef cuisinier et auteure de livres de recettes - a recommandé dans une interview de remplir l'évier d'eau chaude et savonneuse avant de commencer une recette. C'est devenu l'un de mes trucs préférés car c'est à la fois pratique, sensuel et apaisant. Laver ses ustensiles au fur et à mesure qu'on les utilise est aussi un geste très concret sans parler du bien-être qu'on ressent en plongeant les mains dans de l'eau chaude savonneuse pour enlever tout ce qui s'y est collé ou incrusté. De plus, savoir qu'on va pouvoir réutiliser une cuiller qu'on vient de laver sitôt après usage rend aussi la préparation des repas moins stressante et moins désordonnée. Et tant qu'à faire, pensez à mettre un produit qui sent bon !

6. **Entretenez le tranchant de vos couteaux**. Avoir des couteaux bien aiguisés change tout quand on cuisine. Contrairement à ce que disent les boutiques spécialisées, pas la peine d'en avoir une panoplie entière. En revanche, ils doivent être de qualité ! Pour commencer, munissez-vous d'un simple couteau de chef et d'un ou deux couteaux d'office. Et si possible, tenez le couteau avant de l'acheter pour vérifier qu'il est bien adapté à votre main et qu'il ne pèse pas trop sur votre poignet.

Si vos ciseaux ont vu des jours meilleurs, faites-les aiguiser par un professionnel : vous serez étonné de voir à quel point cela va vous simplifier la vie. Ce n'est pas difficile de les maintenir en bon état, alors pas d'excuse ! Confiez-les d'abord, si besoin, à un professionnel, puis frottez-les sur une pierre à aiguiser chaque fois que vous vous en servez. Ce genre de pierre n'est d'aucune utilité pour le matériel usagé, mais elle entretient parfaitement les lames déjà bien aiguisées.

Second détail important : les planches à découper. Le mieux, ce sont les planches en bois – ce sont d'ailleurs les plus utilisées. Vient ensuite le plastique, un peu moins hygiénique que le bois. Ce qui est capital, c'est qu'elles soient très propres : alors jetez toutes les amochées qui sont des nids à bactéries. Personnellement, j'aime aussi en avoir de plusieurs tailles pour avoir la planche adaptée à chaque tâche.

7. **Apprenez les techniques, pas les recettes**. Je n'ai rien contre les recettes mais, pour pouvoir s'amuser en cuisine – et ressentir la liberté d'improviser et d'innover –, il faut connaître les techniques de base. Cela peut être aussi simple que le maniement d'un couteau et aussi compliqué que la fabrication de sauces et d'émulsions, mais c'est indispensable pour pouvoir s'émanciper d'une recette.

Comprendre les techniques de base permet d'expérimenter et de réussir un repas délicieux pour un groupe de gens avec un sac de pommes de terre et quelques ingrédients trouvés en réserve. Pour vous mettre le pied à l'étrier, regardez des vidéos sur Internet ou, mieux encore, prenez des cours ou demandez à un ami de vous apprendre le b.a.-ba. Dans la cuisine, comme dans la vie, il ne faut jamais croire qu'on sait tout. Il faut toujours avoir envie d'apprendre.

8. **Arrêtez-vous et respirez**. Si vous êtes à cran, stressé, quand vous cuisinez, arrêtez-vous et prenez quelques grandes inspirations pour essayer de trouver un peu de calme au milieu du désordre. Même si vous êtes d'humeur joyeuse, faites une pause et inspirez profondément pour vous détendre encore plus et profitez à fond de ce bien-être. Si vous vous ennuyez en cuisinant, arrêtez-vous et inspirez pour prendre conscience des détails différents de ceux de la veille. Quelles que soient les circonstances, faites une pause et respirez. Regardez la lumière rentrer dans la pièce. Observez la texture ou la couleur d'un ingrédient que vous utilisez. Respirez l'air. Chaque instant est fascinant. Mais il est aussi très fugace. Alors ne le laissez pas passer.

Et, en bonus, rien que pour vous : **respectez le plus possible les saisons**. Essayez au maximum de manger des produits de saison. Dans les pays développés, on a tendance à croire qu'être heureux veut dire pouvoir manger ce qu'on veut quand on veut. Mais, comme j'ai pu le découvrir, l'inverse est vrai. J'ai autant de plaisir à attendre la saison des asperges pour en cuisiner que d'en manger. Sans parler du fait, bien sûr, que les asperges sont bien meilleures quand elles sont de saison et proviennent d'un vrai jardin. Quand je vis au rythme des saisons, je suis moins angoissée et je vois clairement la nature et la provenance de ce que je consomme. Cette connexion, cette certitude d'être toujours reliée étroitement à la terre même si je vis dans un environnement urbain très peuplé, est une source infinie de bien-être et de joie.

LES TROIS INTIMITÉS

Après les chrysanthèmes,
hors le navet long
il n'y a rien.
Bashô

La cuisine est sans doute la pièce où on peut le mieux se découvrir intimement dans une maison. On perçoit d'abord notre intimité avec le monde physique à travers nos gestes, les ingrédients qu'on utilise et l'espace dans notre cuisine. On perçoit ensuite notre intimité spirituelle et le degré auquel on laisse ou on ne laisse pas le monde, ses plaisirs et ses douleurs, nous toucher. Et enfin, on perçoit les liens intimes qui nous connectent aux autres quand on nourrit nos amis et notre famille et, à l'occasion, des étrangers.

L'intimité, sous ces trois formes, est très importante car quand on est intime avec quelque chose, ce qui nous entoure ou quelqu'un, on lui permet de rentrer en contact avec nous, de nous toucher et donc de nous changer d'une façon qu'on ne peut souvent ni prédire, ni comprendre, ni contrôler. Il faut bien sûr se protéger pour ne pas s'exposer au monde sans filtre, sans blindage contre le mal ou les difficultés. Ce serait d'ailleurs de la folie. Mais ce besoin de se protéger peut aussi devenir une habitude, voire une névrose. Ce n'est pas parce que cela nous a été utile un jour que ça l'est toujours autant aujourd'hui. On a tellement l'habitude de porter notre armure qu'on ne peut pas l'enlever même quand tout va bien, même quand on a intérêt à être moins sur la défensive.

C'est tout ce qui nous autorise ou nous encourage à baisser la garde pour mieux profiter du moment, sans aucune retenue, qui est le plus agréable – pour ne pas dire émouvant, magnifique ou simplement ordinaire. Il y a bien sûr le sexe mais aussi un morceau de musique qu'on écoute ou la détente qu'on ressent quand on prépare une soupe. Si ces expériences sont si intenses, c'est parce qu'on cesse d'être méfiant et qu'on se laisse pénétrer, toucher par l'instant présent. On s'ouvre à l'intimité.

Cette sensation peut naître de l'activité elle-même ou parfois du simple fait de briser l'armure, d'être disponible à quelque chose d'extérieur à nous. La musique aide juste à baisser la garde pendant un moment. La confection d'une soupe contient tellement de couleurs et d'odeurs délicieuses qu'on arrête de penser, qu'on glisse dans l'instant présent et qu'on prend conscience de tout ce qu'il nous apporte.

J'ai donc basé ce livre sur ces trois formes d'intimité : l'intimité avec le monde physique, l'intimité spirituelle et l'intimité avec les autres. Le monde peut être effrayant, voire dangereux. Heureusement, on peut (pour ne pas dire « on doit ») s'y réfugier. Pour cela, il faut favoriser les situations, les moments dans la vie qui nous aident à découvrir et renforcer notre capacité à faire confiance : faire confiance à la vie, à nous-même et à l'avenir pour l'accueillir sereinement.

L'intimité avec le monde physique

Nous passons de nos jours tellement de temps dans le monde virtuel que nous en oublions souvent le monde physique avec sa cohorte de beautés et de miracles ordinaires. De temps en temps, nous relevons la tête, plissons les yeux et nous accommodons sur un objet au-delà de l'écran et là, c'est comme si on se réveillait. Il nous faut une ou deux secondes pour nous souvenir de l'endroit où nous nous trouvons et que nous avons un corps qui bouge dans l'espace et dans le temps. Le monde virtuel est attrayant, plein de promesses et a sa place dans nos vies. Mais le vrai monde, le monde physique, reste un lieu de vie fondamental et nécessaire.

Si beaucoup de gens cuisinent encore à l'époque actuelle, c'est pour être en prise avec le monde physique, pour pouvoir se recentrer, réintégrer leur corps d'une façon très concrète et basique. À force d'être dans notre tête toute la journée, assis devant nos écrans à réfléchir et à taper sur nos claviers, on est nerveux et épuisé. On est insatisfait. On a mal partout. Quelle joie alors d'éteindre ses appareils et d'aller dans la cuisine préparer une soupe avec quelques oignons et les restes de poulet de la veille. Enfin quelque chose de réel, de pratique, quelque chose qui fait du bien à la fois au corps et à l'esprit !

S'il est si agréable de cuisiner, c'est parce que c'est un acte physique et que ça oblige à s'impliquer d'une façon concrète et pratique. Lire, commenter et analyser la recette d'un gâteau ne fera pas le gâteau. Il faut s'activer et manipuler des ingrédients et du matériel pour pouvoir espérer le déguster. On n'a pas le choix. Alors autant en profiter pour mieux se connecter à notre corps et au monde qui nous entoure. Autant en profiter pour compenser tout ce temps passé à réfléchir, planifier, regarder nos écrans, et pour revenir, sans presque y penser, à un mode de vie plus équilibré.

On peut bien sûr cuisiner en ayant la tête ailleurs et le corps en pilotage automatique. Mais très vite, on découvre que pour bien cuisiner, il faut être là et attentif. Quand on cuisine, on est instinctivement en alerte, car les risques d'échec, de danger, de complication sont très élevés. Une seconde d'inattention et on ne sait plus où on en est dans la recette (zut, ai-je mis de la levure ?) ou alors on loupe la partie expliquant qu'il faut faire reposer la pâte une nuit avant de faire cuire le pain prévu pour le soir même. Pour bien cuisiner et réussir ses plats, il faut être attentif. Pour que le dîner soit prêt à temps et soit au moins mangeable, si ce n'est délicieux, il faut être à 100 pour cent dans le moment présent.

L'instant présent

Beaucoup de gens parlent de la nécessité d'être dans l'instant présent comme si c'était quelque chose de facile et de simple à faire pour peu qu'on s'en donne les moyens. Comme s'il était possible, voire souhaitable, pour un être humain de capturer chaque instant qui défile. Pourtant, tous ceux qui ont essayé « d'être dans l'instant présent » savent à quel point celui-ci est fugace. Est-ce cet instant ou (une seconde plus tard) celui-là ? Attendez, non, c'est celui-là ! Ou alors après s'être juré de rester dans l'instant présent, on se rend compte qu'on a rêvassé pendant 10 minutes sans s'en apercevoir.

Le plus simple, c'est de considérer l'instant présent comme un état dans lequel on veut se mettre et non comme une sensation qu'on veut ressentir. Inutile donc d'essayer de le retenir de force comme si on voulait arrêter un ruisseau avec les mains car être volontaire ou déterminé ne suffit pas. Vivre l'instant présent consiste plutôt à remplir son esprit de ce qui se passe là, en ce moment, devant nous. C'est cultiver sa faculté à observer en déconnectant son cerveau et en laissant l'instant présent venir à nous. C'est être réceptif.

Personne n'y parvient naturellement et spontanément car nous sommes tous très habitués à être sous la férule de notre esprit (qui rêve, résout des problèmes, organise, anticipe les catastrophes...). On excelle tellement dans l'art de planifier le futur ou de ruminer le passé, qu'on doit s'entraîner pour fonctionner autrement. Les formes de méditation classiques y contribuent car elles obligent à rester assis, le regard fixé sur un point devant nous ou par terre pour limiter le nombre de distractions et nous aider à nous poser et à nous concentrer. Et c'est souvent très efficace. Mais il arrive aussi que cela crée comme un écran blanc sur lequel on voit défiler nos pensées avec force et régularité, ce qui est tout sauf apaisant comme expliqué page 25 dans le billet sur la méditation matinale avec un thé.

De plus, à moins de vivre dans un temple bouddhiste, il est rare d'avoir l'occasion de rester assis toute la journée, concentré sur sa respiration et sur l'instant présent. Donc, même si les bienfaits de la méditation ne sont plus à démontrer, il faut mettre en place d'autres techniques pour se rappeler d'être attentif et présent – des techniques qui ne nécessitent pas d'être dans un endroit ou des circonstances particulières et qui s'intègrent parfaitement à notre emploi du temps. Comme préparer le dîner.

UN BOL DE CITRONS

Je trouve la vie sans un bol de citrons triste et rugueuse comme de la toile de jute ou le vieux joint qui s'écaille autour de mon évier de cuisine que je dois remplacer depuis des années. Les citrons donnent tant et coûtent si peu hormis quelques pièces au marché ou l'effort de les cueillir quand on a la chance d'avoir un citronnier. Et si un citron est joli, que dire d'un bol entier ?

Je conseille d'avoir, si possible, toujours quelques citrons dans un joli bol posé sur la table de la cuisine ou le plan de travail. Inutile de les mettre au réfrigérateur car ils sont robustes à condition de prendre les plus mûrs en premier et d'enlever ceux qui commencent à s'abîmer. Ou, si vous n'avez pas assez de place dans votre cuisine, mettez-en une partie au frais et quelques-uns – peut-être trois – dans une assiette posée quelque part. Le simple fait de les voir, de passer à côté d'eux lors de vos pérégrinations quotidiennes vous donnera le sourire et un frisson de plaisir.

Même si ces petits moments de bonheur sont loin d'être anodins, il y a mille autres raisons d'avoir des citrons chez soi.

Au royaume du sucré, les citrons permettent de réaliser des entremets et de la limonade mais aussi d'apporter une touche d'acidité à une confiture de fraises maison. Ils peuvent également agrémenter toutes sortes de desserts comme une tarte meringuée, un

cake au citron et aux graines de pavot… Un gâteau au citron : moelleux, glacé, à couches… Les crèmes de toutes sortes et les mousses… Des desserts froids comme la crème glacée ou le sorbet. Et les fondants au citron !

Au royaume du goût, dans la plupart des cas, un trait de jus de citron ajouté à la fin permet d'équilibrer, d'une pointe d'acidité, les saveurs. Sans parler des citrons confits à la marocaine, des vinaigrettes au citron, du poulet au citron, de cette délicieuse persillade italienne qu'on appelle *gremolata* et de nombreuses recettes de poissons. Et aussi les risottos, les pâtes, les pitas. Et, bien sûr, quelques gouttes de jus de citron peuvent booster une tasse de thé ou transcender un verre d'eau chaude pour la méditation du matin.

Même si j'en ai très certainement oublié, je pense que vous m'avez comprise. Un bol de citrons sur une table de cuisine change la vie. C'est essentiel. C'est ce que font les bons cuisiniers. Non, pas les bons. Les meilleurs et les plus heureux.

Crème de citron à l'anglaise
(ou lemon curd)

Pour avoir toujours quelque chose de sucré et de savoureux à manger, conservez un pot de crème au citron dans votre réfrigérateur. Ainsi, vous pourrez proposer à tout moment à quelqu'un de venir boire une tasse de thé ou confectionner un petit parfait, en l'alternant avec du yaourt à la grecque dans des jolis verres. La crème au citron à l'anglaise peut aussi se tartiner sur des gâteaux au yaourt, des biscuits ou surtout des palets au citron pour un double effet citronné. Elle est aussi parfaite pour les tartes et les gâteaux et peut être fouettée avec de la crème pour faire un tourbillon acide qu'on place sur une coupe de fruits frais ou qu'on mêle à de la glace à la vanille fondue.

Envie de plus ? Mettez-en sur ou à l'intérieur de vos crêpes ou sur une tartine grillée. Transformez-la en mousse au citron en l'incorporant délicatement à de la crème fouettée. L'association de la saveur douce/acide des citrons et de la texture onctueuse et riche de la crème apporte une touche de sophistication. Mais tout cela ne doit pas vous empêcher d'essayer mon truc préféré : la manger à la grande cuiller (une cuillerée… ou deux !) directement dans le pot.

(pour environ 2 tasses)

3 ou 4 citrons • 3/4 de tasse de sucre • 115 g de beurre doux, froid, coupé en morceaux • 5 gros jaunes d'œufs • 1/4 de cuillerée à café de sel

Pelez trois des citrons, en ôtant le moins de peau blanche possible pour garder l'amertume. Mettez l'écorce de côté. Coupez les citrons en deux et pressez-les pour en remplir ½ tasse. Utilisez le quatrième citron si nécessaire.

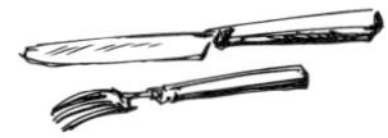

Placez le sucre et les écorces de citron dans le bol de votre robot ménager et mixez environ 30 secondes jusqu'à l'obtention d'une poudre fine. Puis ajoutez le beurre, les jaunes d'œufs, le jus de citron et le sel. Mixez environ 15 secondes pour bien tout mélanger. Si ça ressemble à de la crème caillée, ce n'est pas grave.

Versez la préparation dans une petite casserole et faites chauffer à feu très doux. Faites cuire en mélangeant constamment pendant 12 à 15 minutes jusqu'à ce que le mélange s'épaississe. Maintenant, prenez une spatule résistant à la chaleur ou une cuiller en bois. Restez près de la casserole, les yeux rivés dessus car la crème risque à tout moment de trop cuire et donc de tourner. Ne la laissez pas bouillir. Si ça bout, retirez la casserole du feu et continuez à mélanger sans vous arrêter jusqu'à ce que ça se calme. Puis remettez la casserole sur le feu.

Pour savoir si la crème est prête, plongez une cuiller dedans. Si elle en ressort couverte de crème et que vous laissez une trace distincte en passant le doigt dedans, c'est bon. La crème va continuer à épaissir en cuisant, alors ne vous inquiétez pas si vous la trouvez trop liquide à ce stade. Retirez-la du feu.

Posez une passoire sur un bol et versez la crème dedans pour retirer les zestes et les traces d'œuf coagulé. Transvasez-la dans un bocal propre et laissez-la refroidir à température ambiante. (Ou, si ça tient, placez la passoire sur le bocal pour la verser directement dedans). Fermez le bocal et mettez-le au réfrigérateur où il pourra rester sans problème pendant des semaines… sauf si, bien sûr, vous mangez tout en quelques jours comme moi !

Remarque : Si vous n'avez pas de robot, retirez l'écorce du citron avec un zesteur ou râpez-la et mélangez tous les ingrédients dans un bol à la main. D'ailleurs, je me surprends souvent en train de prélever le zeste des citrons avec un zesteur ou une râpe microplane au lieu d'utiliser mon robot.

N'ATTENDEZ PAS

Au moment où j'écris ces lignes, dans mon garde-manger, parmi les boîtes de sauce tomate et de soupes au poulet et aux nouilles, il y a une boîte de chocolat en poudre absolument divin, un sac de morilles séchées et une petite boîte de violettes cristallisées maison. Dans mon armoire, une paire de bottines fantaisie en velours et hauts talons et un sublime pull en cachemire côtoient des chemises en coton et des sabots. Blottie au fond d'un tiroir, une petite fiole de mon parfum de créateur préféré attend le jour où je vais la presser sur mes poignets. En plus d'être précieux et parfaits, ces objets ont tous un point commun : je ne les utilise jamais. Et je me dis que ça doit changer.

J'ai l'habitude de garder (ou amasser ?) certains objets, des objets ravissants et rares, des objets avec lesquels on ne me voit jamais. Pourquoi ? Pour une raison qui, à première vue, semble logique : comme j'ai peur de ne jamais les retrouver ou de ne pas avoir l'occasion d'en remanger, j'y fais très attention et je les utilise avec parcimonie. Ces objets ayant une durée de vie limitée, je préfère les garder pour une occasion spéciale. J'ai raison, non ? En fait, peut-être pas.

J'y ai repensé récemment : y aurait-il une autre explication à tout ça, une explication qui serait liée à ma façon de voir la vie, de voir le monde ? Est-ce vrai que les beaux objets sont rares et limités et devraient être gardés ? Est-ce vrai que certains jours sont plus marquants que d'autres ? La réponse, même si elle est un peu plus compliquée que ça, se résume à un mot : « non ».

En réfléchissant bien, j'ai compris que j'agissais ainsi par peur de la pénurie, peur de manquer et que cette peur était une habitude, un comportement basique et fondamental, omniprésent dans ma vie. Je ne laisse pas cette peur régenter ma vie, mais quand je prends le temps de me poser la question, je peux la voir là, tapie dans un coin, prête à influencer la moindre de mes pensées et décisions.

Cette habitude persiste en dépit du bon sens, de la preuve que je vis à une époque d'énorme abondance. Où que je regarde, je vois de quoi être heureuse, de quoi me réjouir : le joyeux bazar qui règne dans mon garde-manger… La façon dont le soleil dévie sur son axe au printemps et vient illuminer la fenêtre de ma cuisine… Le sourire d'un étranger dans la rue… L'énorme choix de thés dans mon supermarché… La présence de mes amis et de ma famille… Leur sagesse et leur amour… Quelle belle vie ! J'ai vraiment de quoi me réjouir !

Au lieu de garder mes trésors pour plus tard, si je les utilisais tous les jours ? Si je m'aspergeais de parfum de créateur jusqu'à ce que le flacon soit vide ? Si j'enfilais mon pull en cachemire avant de m'installer devant mon ordinateur le matin ? Quant aux délices que je stocke dans mon garde-manger, et si je me faisais renverser par un bus cet après-midi sans avoir eu l'occasion de déguster une bonne tasse de chocolat chaud, là, maintenant ? Je n'aurais plus jamais l'occasion de le goûter, de savourer sa texture veloutée et son amertume agréablement équilibrée. C'est comme ça que je veux vivre ma vie !

Bien sûr, il faut garder certaines choses pour certaines occasions. Si on mangeait du caviar tous les jours, on finirait par le trouver aussi banal que des œufs de lompe. Mais en même temps, cela ne sert à rien de stocker des bons produits pour un jour plus spécial qu'aujourd'hui. Personnellement, j'ai besoin d'avoir un équilibre, de faire de temps en temps la fête et de me lâcher.

J'ai donc décidé d'être moins dans la retenue. Chaque jour, à mon humble façon, je fais une pause et je me réjouis de quelque chose : siroter une tasse de chocolat chaud, me mettre du parfum… Et d'ailleurs peut-être que je mettrai ces fameuses morilles séchées dans ma soupe du jour ou que j'ouvrirai enfin cette bonne bouteille de vin avant qu'elle ne tourne en vinaigre et que j'inviterai des amis à venir la déguster mercredi soir.

Quelles que soient les circonstances, mon nouveau mantra est « n'attends pas ». « N'attends pas une situation ou un jour meilleur, précis, plus propice à la fête que ce jour, ce moment. Là, maintenant, tout de suite ». Alors n'attendez pas ! Soyez fou !

COMMENT DEVENIR INTIME AVEC LES OBJETS DU QUOTIDIEN ?

Pour être dans l'instant présent, il faut aussi être intime… avec tout ce qui nous entoure. Par exemple quand on cuisine, on est intime avec le monde physique : avec notre corps, nos sens, les ingrédients que nous manipulons et l'endroit où nous nous trouvons. Avec les miettes de pain qui se logent sous nos ongles. La tension dans nos muscles quand nous soulevons une grosse cocotte. La légère pression que nous exerçons sur une poire pour voir si elle est mûre… Bref, quand on cuisine, on a des occasions illimitées de se sentir ancré dans le présent.

Cette intimité passe d'abord par les sens et la perception. Nous passons la majeure partie du temps à ignorer les signaux qui nous parviennent car le monde est si grand, bruyant et compliqué, qu'on est obligé d'en filtrer la plupart pour rester concentré. Et cela devient une habitude qui nous coupe, même dans des situations plus calmes, de notre environnement immédiat où nous évoluons comme des zombies.

Quand on se sert à 100% de nos sens, on développe et on redécouvre notre capacité à faire confiance à ce que nous dit notre corps sur le monde qui nous entoure. On devient plus disponible, on s'ouvre à de nouvelles expériences et, ce faisant, on apprend à se fier à cette forme simple mais ô combien puissante d'intelligence. Dans la journée, on n'a pas souvent l'occasion de la ressentir : c'est pourquoi il est si précieux et si nécessaire de trouver ces moments où on peut ouvrir la porte en grand à nos sens et s'enfoncer plus profondément en nous.

Et bien sûr, cuisiner et être dans sa cuisine offre plein de moments comme cela. Des moments de pure beauté, de plaisirs sensuels : sentir l'odeur du thym et de l'ail qui cuisent dans le beurre, mais aussi faire de fines bandelettes de courgette avec un éplucheur. Ou alors mélanger du chocolat dans de la crème épaisse, plonger les doigts dans un sac de haricots secs, détacher des feuilles de menthe de leur tige. Toutes ces activités peuvent nous aider à réveiller nos sens. Pour d'autres, cela peut être en tranchant l'articulation d'un poulet d'un coup de couteau ou en remplissant un poisson d'épaisses tranches de citron et de poignées d'origan frais.

Vous serez étonné de voir ce qui se passe quand vous laisserez vos sens s'éveiller surtout dans un environnement relativement sûr et neutre, et souvent délicieusement sensuel, comme la cuisine. La marche à suivre est simple. La prochaine fois que vous travaillerez dans votre cuisine que ce soit pour broyer des feuilles de basilic pour faire du pesto, pour couper un oignon (s'il n'est pas trop vieux et n'a pas une odeur trop agressive pour les yeux), pour touiller de la polenta par une froide journée d'hiver ou pour trancher des citrons, essayez de vous concentrer exclusivement sur cette tâche. Pour vous aider, guettez les sensations physiques comme le parfum du citron, sa morsure sur votre cuticule déchirée ou la légère résistance du couteau quand il le traverse : peau, chair, pépins. Écoutez le bruit du couteau sur la planche à découper ou le martèlement du pilon dans le mortier. Soyez attentif aux légers changements de l'odeur des oignons quand ils passent par tous les états de la cuisson. Notez la résistance de la polenta quand elle cuit et s'épaissit. Et écoutez le bruit que font les bulles en se formant et en éclatant dans la casserole. Sentez le poids de votre corps, la tension dans vos épaules, l'afflux de salive dans votre bouche quand vous sentez une odeur appétissante.

Bien sûr, cela n'empêchera pas votre esprit de vagabonder, mais ramenez-le gentiment à ce que vous faites pour qu'il savoure l'instant présent. Accordez-lui toute votre attention et invitez-le à apprécier cette expérience. Quand je le fais, je suis souvent surprise de sentir un frisson de joie – ou, si cela vous semble exagéré – au moins un sentiment de contentement qui est nécessaire à la joie. Ce sentiment est important car il donne envie de passer du temps avec et d'aller vers ce qui nous plaît.

AIMER SA CUISINE

Pour pouvoir être intime avec sa cuisine, il faut qu'elle soit en bon état de marche et agréable à vivre. Certains ont la chance de pouvoir refaire leur cuisine exactement comme ils le souhaitent alors que d'autres doivent se contenter des choix de leur propriétaire. Quoi qu'il en soit, l'important, c'est d'avoir plaisir à y être. Comme on fuit souvent naturellement ce qui ne nous rend pas heureux, on peut très difficilement être intime avec quelque chose qui nous dérange ou qui nous déplaît. Notre cuisine doit donc être un endroit plaisant qui donne envie.

C'est parfois, tout simplement, parce que c'est la pièce la plus chaude de la maison en hiver. Parce qu'on vient d'acheter un lot de boîtes qu'on adore et qui, chaque fois qu'on entre dans la pièce, nous arrache sourire… Parce que c'est la seule pièce où passe le soleil le matin ou celle où on peut le mieux s'exprimer. Peu importe qu'elle soit design, parfaite ou qu'elle ait du matériel flambant neuf. Peu importe le prix qu'elle a coûté. Peu importe si elle a été conçue par un décorateur ou pas. L'important, c'est de créer le meilleur espace possible, qu'on soit propriétaire ou locataire ou qu'on ait déniché notre table de cuisine dans un vide-greniers.

Alors prenez soin de votre cuisine. Cela veut dire nettoyez-la, bien sûr, mais essayez aussi de garder les surfaces de travail entièrement dégagées. Organisez-la d'une façon qui vous correspond. Notez ce qui vous gêne et essayez d'y remédier. Si vous faites beaucoup de gâteaux, cela vaut peut-être la peine d'investir dans des cuillers mesureuses, par exemple, pour en avoir toujours une de la taille souhaitée, propre, sous la main. Ou peignez les portes de votre placard en blanc si votre cuisine est trop sombre. Rien ne vous empêche non plus d'y accrocher des tableaux (sans que ce soit forcément des photos de théières ou de bols de fruits). S'il y a de la place, ajoutez une chaise confortable pour vous détendre en buvant votre tasse de café : un petit luxe très abordable !

Certaines personnes parviennent très bien à créer dans des environnements dépouillés alors que d'autres ont besoin de bazar pour donner libre cours à leur talent. N'aménagez pas votre cuisine en fonction des goûts des autres et n'ayez pas honte de qui vous êtes. Utilisez plutôt votre énergie pour vous exprimer et créer un plat délicieux pour vous nourrir vous et ceux que vous aimez. Soyez fidèle à vous-même. Il n'y a pas d'autre solution.

CASSÉ

L'autre jour, j'ai cassé un de mes plats préférés qui a éclaté dans un fracas à la fois impressionnant et spectaculaire. Le juron qui a suivi était lui aussi impressionnant et spectaculaire. Une minute plus tard, un voisin a frappé doucement à ma porte pour voir si ça allait (le bruit se propage facilement dans mon immeuble, surtout quand toutes les fenêtres sont ouvertes au printemps). Ça allait, sauf que j'étais embarrassée, triste et frustrée. D'où cette question : pourquoi cela me touchait-il autant ?

Les bouddhistes conseillent de voir la tasse déjà cassée. Même si elle est encore intacte, bien calée dans nos mains, la vérité c'est qu'elle finira par se casser un jour, ou s'égarer ou perdre sa place de favorite. Donc cet événement (la casse ou la perte) est inhérent à la tasse et à notre relation à elle. Et ce précepte s'applique à toutes les choses de la vie et du monde puisque rien n'est permanent.

Ce sentiment d'impermanence peut nous pousser dans deux directions opposées. D'un côté l'attachement, l'obsession, la peur : c'est précieux, je dois m'y accrocher et le protéger. De l'autre, l'insouciance et l'indifférence : s'il est déjà cassé, déjà perdu pour moi, pourquoi m'y attacher ?

Alors que faire ? Comment aimer un objet sans trop s'y attacher ? Pas évident mais faisable grâce à une notion, un état d'esprit : la gratitude. En effet, savoir que quelque chose est déjà cassé peut faire éprouver de la reconnaissance, de la joie de l'avoir ici, à cet instant…

Et cela peut aussi aider à le laisser se casser quand le moment est venu ! Quand on a beaucoup aimé un objet, on arrive bizarrement plus facilement à lâcher prise et ressentir les émotions qui nous envahissent quand on le casse : la tristesse, le regret, la nostalgie et, surtout, la gratitude.

Alors en balayant les vestiges de mon plat préféré, je me suis autorisée à y penser avec nostalgie, à me rappeler combien je l'aimais, à me souvenir des services qu'il m'avait rendus à la façon dont je l'utilisais pour servir du ragoût à la polenta l'hiver et de grandes salades déstructurées l'été. Je me suis souvenue de la personne qui me l'a offert et des nombreuses cuisines et tables qu'il a embellies. Puis, j'ai lentement basculé la balayette contenant les morceaux de mon plat dans un sac en papier et je suis allée le mettre à la poubelle. Merci beaucoup mon plat préféré et adieu.

LE *SÔJI* (OU COMMENT TOUT NETTOYER)

Dans les temples zen, on pratique souvent ce qu'on appelle le *sôji*, une activité d'environ 20 minutes durant laquelle tout le monde nettoie le temple et le terrain alentour. En général, c'est après la séance de prosternations et de chants qui marque la fin de la méditation du matin.

Le principe est simple : on vous confie une tâche simple (ratisser l'allée, essuyer la vaisselle, balayer l'entrée) qu'il faut effectuer dans le silence sans chercher à tout prix à la terminer. Autrement dit, personne ne peut s'approprier le monopole de la tâche : prends juste le balai et fais de ton mieux jusqu'à ce qu'il soit temps d'arrêter. Au bout de 20 minutes, le responsable passe en faisant tinter une cloche pour signaler la fin du *sôji*. Quand on entend la cloche, il faut tout arrêter. Si on n'a balayé que la moitié de l'entrée, s'il y a encore des plats à essuyer, si on n'a nettoyé que douze vitres sur quinze, ce n'est pas grave. On range ses affaires et on passe à la prochaine activité (ce qui, dans la plupart des temples, est le petit-déjeuner !).

Le *sôji* est une pratique spirituelle, un prolongement de la méditation qui permet de rediriger la sensibilité, la fluidité, l'ouverture obtenue en méditant vers une tâche pratique. En effet, si après avoir senti qu'on s'adoucissait et qu'on s'ouvrait lorsqu'on était assis sur notre coussin de méditation, et qu'on ne ressent plus rien quand on se relève, l'expérience n'est pas complète. Le *sôji* permet de diffuser les bienfaits de la méditation dans tout notre être et d'en avoir conscience d'une façon très réelle.

Alors essayez d'appliquer le *sôji* à certaines tâches de la vie quotidienne. Que se passerait-il si le plus important n'était pas de terminer quelque chose mais de le faire ? De quels fardeaux pourriez-vous vous délester si vous canalisiez votre énergie non pas vers un objectif mais vers le processus lui-même, vers chacune de ses étapes ? Quels trésors vous attendent ?

Le *sôji* nous apprend autre chose : à accomplir des tâches qu'on n'a pas spécialement envie de faire. Le principe du *sôji* est de recevoir et d'accepter une mission sans faire le moindre commentaire. Peu importe qu'on n'ait pas envie d'essuyer la vaisselle, qu'on déteste l'odeur du produit à vitres ou qu'on adore retourner le compost. Il faut accomplir la tâche qu'on nous confie en silence et, dans l'idéal, dans un état d'esprit neutre. Et si on a une préférence, on apprend à l'ignorer.

C'est ainsi que je me suis retrouvée à appliquer le *sôji* chez moi pour gérer les tâches que je n'aime pas. Parfois je les redoute parce qu'elles sont énormes, parce que je ne suis pas qualifiée pour ça ou parce qu'elles nécessitent de prendre trop de décisions.

D'autres sont juste répétitives et barbantes et devront être refaites la semaine prochaine ou même plus tard dans la journée. Mais si cela ne prend que 20 minutes, c'est gérable.

Donc la prochaine fois que vous vous retrouverez face à une corvée dans la cuisine, pensez au *sôji*. Programmez un minuteur et jurez-vous de vous y tenir jusqu'à ce qu'il sonne. Et quand il sonne, arrêtez-vous d'un coup. Si vous terminez avant, cherchez une bricole à faire en attendant – il y a toujours quelque chose qui a besoin d'être entretenu, réparé, préparé ou rangé dans une cuisine. Si c'est un travail long, divisez-le en segments et faites-en un complètement. Coupez des oignons pour la grande casserole de soupe que vous comptez faire plus tard, mesurez les ingrédients et préparez le moule d'un gâteau, nettoyez et rangez une étagère de votre garde-manger.

On peut aussi intégrer le *sôji* dans sa routine du matin pour garder le contrôle des tâches ménagères ou commencer à préparer le dîner pour que ce soit plus facile et moins long le soir. J'ai une amie qui l'applique avec toute sa famille avant de partir de chez elle le matin (c'est plutôt 5 que 20 minutes, mais 5 minutes de *sôji* multipliées par cinq personnes, c'est beaucoup !).

Appliquer le *sôji* à une activité, limiter la durée et oublier le temps quand on se plonge dedans est une formidable manière d'accomplir les tâches ménagères, mais aussi une formidable manière d'être dans l'instant présent.

DÉBRANCHER DE TEMPS EN TEMPS LES APPAREILS ÉLECTROMÉNAGERS

Je n'ai rien contre les séries d'appareils flambant neufs sauf, bien sûr, si on ne les utilise jamais et qu'ils prennent la poussière et une place précieuse sur les étagères. C'est pratique d'avoir du matériel et si le fait d'avoir un robot ménager permet de transformer un bouquet de basilic frais en pesto au lieu de le laisser monter en fleurs, c'est très bien. Mon vieux robot blanc des années 1980 a beau avoir l'air fané, il trône en bonne place dans ma cuisine pour des raisons à la fois pratiques et esthétiques. Il se porte toujours comme un charme (ou pour être plus précise comme un charmant bourreau de travail) et je l'utilise fréquemment.

Cela n'empêche pas qu'il faut savoir débrancher ses appareils de temps en temps et ressortir le pilon et le mortier ou prendre un grand bol et une cuiller en bois pour mouiller un peu sa chemise. Le travail physique a quelque chose d'honnête, de gratifiant quand on donne un peu de soi au lieu de se contenter d'appuyer sur un bouton. Quand on fait tout à la main, on a tous les sens en éveil : l'odorat, l'ouïe, le toucher quand une vinaigrette commence à épaissir et à émulsionner. Sans appareils, on remarque les changements subtils d'une odeur ou d'une texture et on peut facilement plonger un doigt dans ce qu'on est en train de préparer pour le goûter.

Il est rare, à l'époque actuelle, de vivre une expérience sans l'interférence d'un appareil, c'est pourquoi il est si exaltant de créer quelque chose avec seulement ses deux mains, son corps et quelques ingrédients. Et puis, c'est amusant de se passer de la technologie. Après une journée éprouvante, quel bonheur, quel soulagement de pouvoir marteler une gousse d'ail et une poignée d'herbes innocentes.

Donc, si vous avez le temps et l'énergie, débranchez vos appareils électroménagers à l'occasion. Confectionnez votre prochain pesto avec un pilon et un mortier ou servez-vous-en pour broyer les épices de votre curry au lieu de les passer au mini-hachoir. Fouettez le beurre et le sucre à la main jusqu'à ce qu'ils soient mousseux à souhait pour un gâteau, battez la crème au fouet, faites votre café à la cafetière à piston. Pourquoi ? Pour découvrir peut-être simplement que, quand on se donne à 100 pour cent dans une tâche, on retrouve en satisfaction et en plaisir ce qu'on perd en efficacité.

Curry des soirs de semaine

C'est l'une de mes recettes fourre-tout préférées pour les soirs de semaine, car la plupart des ingrédients proviennent de boîtes stockées dans mon garde-manger. Elle peut se décliner à l'infini. Par exemple, si vous n'avez pas de chou-fleur ou de carottes, n'hésitez pas à prendre ce que vous trouvez : des haricots verts, des cubes de potiron, du brocoli. Et ajoutez une poignée de petits pois congelés dans les 5 dernières minutes pour faire joli. En revanche, essayez d'avoir des tomates car leur amidon aide à épaissir la sauce.

J'ai appris à faire ce curry avec du curcuma en poudre, un classique que l'on trouve dans la plupart des magasins. C'est un produit que j'aime beaucoup – et depuis longtemps - car il sent bon et il est pratique. Mais si vous avez votre épice préférée à vous, vous pouvez bien sûr l'utiliser. Je suis sûre que le résultat sera éblouissant.

(pour 4 à 6 personnes)
· 1 gousse d'ail · 1/2 cuillerée à café de grains de poivre
· 1/2 cuillerée à café de graines de coriandre £·
2 cuillerées à soupe d'huile de colza ou de pépins de raisin ·
1 cuillerée à soupe de curry en poudre · 800 g de tomates hachées ·
2 tasses de pommes de terre pelées · 2 tasses de carottes tranchées ·
2 tasses de bouquets de chou-fleur · 400 g de lait de coco
· 400 g de pois chiches en boîte égouttés · 2 cuillerées à soupe
de sauce de soja (ou plus, si nécessaire) · 1 cuillerée à soupe
de nuoc-mâm · 1 cuillerée à soupe de miel (ou plus, si nécessaire) ·
Purée de piment forte (facultatif) · 1/4 de tasse de feuilles
de basilic coupées en lanières, plus quelques feuilles entières
pour la décoration · Riz cuit au moment de servir

Dans un mortier, broyez l'ail, les grains de poivre et les graines de coriandre jusqu'à l'obtention d'une pâte. (Ou alors coupez finement l'ail et mélangez-le à du poivre et de la coriandre en poudre pour faire une pâte.)

Faites chauffer l'huile dans une cocotte en fonte. Faites revenir le mélange d'ail pendant environ 1 minute, le temps qu'il dégage une bonne odeur. Ajoutez le curry en poudre et faites revenir encore un peu pour libérer les saveurs.

Ajoutez les tomates (avec leur jus), les pommes de terre et les carottes et laissez frémir doucement en ajoutant de l'eau si nécessaire. Au bout de 5 minutes, mettez le chou-fleur, le lait de coco, les pois chiches, la sauce de soja, le nuoc-mâm et le miel. Laissez cuire en laissant frémir doucement jusqu'à ce que les légumes soient tendres et que la sauce commence à s'épaissir.

Goûtez et, si besoin, rectifiez l'assaisonnement avec de la sauce de soja ou du miel. Et si vous trouvez que ce n'est pas assez relevé, mettez une pointe de purée de piment pour donner du mordant.

Retirez du feu et incorporez les lanières de basilic en remuant doucement. Servez avec du riz orné de quelques feuilles de basilic.

Variations : ajoutez des morceaux de poulet cuit ou des crevettes crues à la fin.

Pour un repas végétarien : utilisez du nuoc-mâm ou de la sauce de soja **vegan**, et remplacez le miel par du sirop d'agave.

Pour vous simplifier encore plus la vie : ne mettez pas de riz et servez ce curry avec des pains plats style pitas ou des **naans** grillés au-dessus de la flamme de votre cuisinière.

Ultimes fantaisies : servez ce curry avec des bols de yaourt ordinaire ou de raïta, de la noix de coco ou des noix de cajou grillées, de la coriandre grossièrement hachée, du chutney ou autres condiments.

L'USTENSILE PARFAIT

Voici une petite confession : je ne suis pas insensible à l'allure élégante et sexy d'une casserole saucier à triple fond et revêtement en cuivre. Je soupire aussi d'envie devant les somptueux fours professionnels et les splendides pilons et mortiers fabriqués à la main de la taille de l'évier de ma cuisine. Je comprends qu'on puisse devenir dingue de matériel de cuisine, qu'on puisse se ruiner en assiettes artisanales, en serviettes vintage et en ustensiles émaillés. Bref, je suis la dernière à prêcher l'austérité et la retenue en matière d'équipement pour notre pièce préférée.

En revanche, je ne suis pas partisane d'avoir une cuisine remplie d'affaires inutiles ou qu'on n'utilise jamais et qui se couvrent de poussière et prennent de la place. Au fil du temps, j'ai mis en place une règle qui me permet d'acheter ce dont j'ai besoin pour cuisiner sans être envahie. Que ce soit un objet que je prends tous les jours ou seulement une fois par an, je me pose cette seule et unique question : « Me rend-il heureuse ? » Autrement dit, je cherche un objet qui accomplit parfaitement et facilement la tâche pour laquelle il a été conçu et qui soit, dans l'idéal, beau. Pas joli, mais beau, dans le sens où un objet peut être beau même s'il est taché et cabossé, même si quelqu'un pouvait critiquer sa couleur et n'hésiterait pas à l'échanger contre un nouveau. Bref, il faut que je l'adore. Pas parce que c'est le dernier cri, le plus cher ou le plus branché mais parce qu'il me convient quand je le prends.

Un de mes ustensiles de cuisine préférés est un petit couvercle en émail que j'ai acheté dans le Chinatown de San Francisco il y a des années. Il a une petite poignée et quelques fleurs abstraites peintes ici et là. Il tient sur toutes mes petites poêles qui étaient vendues sans couvercle. Il ne m'a coûté que 49 cents.

Je suis aussi fan d'une grande cocotte rouge Le Creuset que ma mère m'a offerte. Quand j'ai ouvert son cadeau, un matin de Noël, je me souviens avoir pensé : « Ça, je vais le garder toute ma vie. » Et je l'ai fait. J'ai aussi eu ce sentiment pour ma collection de couteaux que j'ai assemblée au fil du temps : certains sont fantaisie, d'autres très humbles, mais tous me rendent heureuse quand je les prends. J'ai aussi un plat en terre cuite, noirci par endroits, et un ravissant torchon en lin avec des rayures jaunes, vertes et rouge vif trouvé dans une bourse aux vêtements à San Francisco. Je ne sais pas pourquoi mais chaque fois que je le prends, je souris.

Alors cherchez les objets que vous aimez utiliser dans votre cuisine. Sélectionnez les casseroles et les poêles faciles à soulever et les couteaux et les cuillers qui vous tiennent bien en main. Achetez la meilleure qualité possible (sans pour autant croire que plus c'est cher, mieux c'est) et prenez-en soin jusqu'à la fin de vos jours. La meilleure poêle, la plus parfaite des cocottes, est celle que vous aimez utiliser. C'est celle qui vous rend heureux quand vous la sortez du placard. Tout le reste est sans importance.

LA POSTURE

La force, l'endurance et le bonheur que l'on peut ressentir dans une cuisine dépendent de la façon dont on se tient et dont on bouge. La posture est importante car elle est la base, la structure de tous les mouvements et les gestes que nous effectuons. C'est ce qui nous tient.

Faire attention à sa posture aide aussi à être attentif et présent. Notre posture montre ce que nous sommes à cet instant précis, ce que nous ressentons et comment nous le gérons. Quand on est courbé ou avachi, c'est signe qu'on a sans doute besoin de se reposer, de s'étirer ou de s'asseoir pour couper les carottes. Quand on est droit et tonique, on peut mener à bien la tâche en cours, y mettre toute son énergie et toutes ses forces, en soutenant et étant soutenu par l'effort.

Notre posture montre aussi notre état d'esprit car elle est autant dans la tête que dans le corps. C'est une certaine ouverture, une certaine attention que l'on peut cultiver pour avoir un esprit plus réceptif et plus équilibré. Quand on se tient droit dans tous les aspects de la vie, on a une stabilité interne sur laquelle on peut compter, tel un daim buvant abondamment dans un lac au milieu de la forêt.

Comme cuisiner est un travail, et souvent un travail difficile, je vous conseille de vérifier comment vous vous tenez et si vous bougez toujours aisément. C'est facile de se voûter quand on farfouille dans un tas d'oignons ou de se bloquer le dos quand on porte une lourde cocotte d'eau. Ce sont les pieds qui souffrent le plus dans une cuisine. Les gens qui travaillent dans les restaurants, mais aussi les infirmières, les médecins et toutes les personnes qui passent leurs journées debout, ont depuis longtemps troqué leurs chaussures branchées contre des sabots hideux mais pratiques, qui peuvent surprendre jusqu'à ce qu'on réalise qu'ils aident leurs pieds chaque seconde de chaque journée.

Alors, chaque fois que je m'attelle à une recette longue et compliquée qui nécessite de rester longtemps debout pour couper, mélanger et nettoyer après, je fais comme les professionnels me l'ont conseillé : je mets mes sabots de cuisine (qui sont fermés au bout – une autre astuce de pro). Confession : oui, il m'arrive de les porter ailleurs que dans la cuisine parce que je les adore et que, il faut bien l'admettre, une fois qu'on a compris qu'on n'est pas obligé de tordre et comprimer ses pieds dans des chaussures inconfortables pour être heureux, on ne revient pas en arrière.

Alors n'oubliez pas de surveiller votre posture et votre corps quand vous travaillez en cuisine. Soyez attentif à ce que vous faites ou soyez attentif à vos sensations pour pouvoir réagir en conséquence. Savoir quand reposer un couteau, étirer ses bras au-dessus de sa tête ou s'asseoir un moment pour écosser les haricots, c'est faire preuve de sagesse. Faites attention et écoutez. Soyez doux avec vous.

CE QU'UNE BOULE DE PÂTE À PAIN PEUT NOUS APPRENDRE DE LA VIE

L'autre jour, j'ai réalisé que toutes les délices de la vie – le pain, le fromage, la bière, les condiments, la choucroute, les rôtis – sont encore plus délicieuses à cause de la pause nécessaire à leur fabrication. En fait, ce n'est pas une pause, car il se passe quelque chose dans ces moments-là : les levures « mangent » le sucre et produisent du gaz carbonique, les jus sont absorbés, la fermentation démarre, etc. Mais du point de vue du cuisinier, il faut laisser faire, il faut arrêter d'intervenir pour laisser des éléments sauvages et incontrôlés agir.

Que se passerait-il si on se comportait ainsi dans la vie ?

Tout le monde sait que les soupes et les ragoûts sont meilleurs quand ils ont passé une journée au réfrigérateur. Les fruits dévoilent toutes leurs saveurs quand on les laisse arriver à maturité. Les vinaigres, la charcuterie comme le jambon et les saucisses, les poissons fumés, les citrons confits, les sauces de soja ou au poisson – tous nos mets préférés sont encore plus goûteux après une période de calme, de repos.

Cela m'a amenée à penser à nous, les hommes, et à notre manie de nous accorder peu de pauses en dépit du rythme assez alarmant auquel nous vivons. Combien de fois nous permettons-nous de nous reposer, de nous arrêter ? On court partout, tendus, inquiets, stressés, trop affairés pour remarquer ce qui se passe autour de nous. On fonce d'une pièce à l'autre pour entreprendre une nouvelle tâche sans avoir pris la peine de terminer celle qui est devant nous. Comment pouvons-nous assimiler et comprendre ce qui nous arrive quand nous avons à peine le temps de le remarquer ?

Et même si c'est possible, on hésite souvent à s'arrêter, probablement parce que, dans une certaine mesure, on est évalué et reconnu en fonction de notre activité. Qui serions-nous si nous étions moins empressés ? Qu'arriverait-il si nous arrivions à ralentir un peu ?

La boule de pâte à pain, le fromage, la bouteille de vin nous montrent qu'il se passe des choses magiques quand on s'arrête et qu'on se repose. Les saveurs se développent et s'intensifient. La texture, les vertus médicinales, les nuances se transforment. À notre humble niveau, les pauses aident notre cerveau à intégrer les expériences, à traiter les données qui lui sont parvenues dans la journée. Elles lui donnent la possibilité de réfléchir, de digérer et de transformer. Il ne s'agit pas de dormir mais de s'asseoir un instant, attentif et calme, pour laisser notre machine interne fonctionner, laisser ce qui n'est pas le fruit de nos pensées ou de nos actions nous influencer.

Quand on lève le pied, on laisse nos expériences s'imprimer plus profondément en nous. Je ressens quoi par rapport à ça ? De l'inconfort ? Du plaisir ? De l'étonnement ? Un sentiment de déjà-vu ? Faire une pause permet de se reconnecter à soi-même, de réfléchir, d'être pleinement acteur de sa vie. Quand on s'arrête, on peut fermenter, se transformer, guérir. C'est là que la magie agit.

Cela peut-être une séance de méditation ou 15 minutes à regarder par la fenêtre du train ou du bus qui nous amène au travail… Se coucher sur le dos dans l'herbe et regarder les nuages ou les étoiles… Se balancer doucement dans un hamac… Siroter une tasse ou un verre d'une boisson quelconque assis sur une chaise… S'étirer par terre et regarder les grains de poussière voler dans un rayon de soleil… On peut faire une pause n'importe quand, n'importe où. Et vous, comment vous y prenez-vous ?

Essayez ! Il suffit de vous arrêter et de vous poser. Laissez la magie opérer.

LA PATIENCE

On apprend énormément dans une cuisine. Mais on apprend surtout à être patient car certaines tâches prennent du temps. Si on fait cuire le pain avant qu'il ait levé, si on ajoute les tomates avant que les oignons aient pu s'attendrir, si on sort le poulet avant qu'il soit entièrement cuit, le résultat sera décevant dans le meilleur des cas et un gâchis de temps et d'ingrédients dans le pire.

La patience (qui peut se définir sommairement par « accepter ou tolérer que le résultat soit différé) est un puissant allié en cuisine. En effet, quand on cuisine, il faut parfois (souvent) simplement attendre. Peut-on être bon cuisinier et impatient ? Cela arrive. Mais dans ce cas, on est moins bon, pour ne pas dire nettement moins extraordinaire, que les cuisiniers qui comprennent et pratiquent l'art délicat de la patience et qui, non seulement acceptent ou tolèrent, mais comprennent que l'attente est une phase nécessaire du processus.

Être patient quand on cuisine est aussi crucial que d'avoir un bon couteau tranchant, même si certains prétendent que cuisiner, c'est dompter les ingrédients pour obtenir le résultat souhaité. C'est vrai qu'on bat, qu'on pile, qu'on pétrit, qu'on fouette, qu'on broie, qu'on coupe tout un tas d'ingrédients quand on cuisine. Mais un bon cuisinier sait que l'important n'est pas d'imposer mais d'écouter et de répondre. On travaille avec des matières premières, des produits issus de l'agriculture qui varient et évoluent au gré des saisons, ce qui oblige à changer et s'adapter sans arrêt. Il faut le comprendre et s'en accommoder. Il faut être patient pour que toutes les saveurs puissent se libérer.

La patience, l'intimité, l'acceptation permettent aux choses, aux circonstances et aux personnes qui font partie de notre vie de venir à nous et d'être là, simplement. Cela ne veut bien sûr pas dire qu'on ne va pas essayer de les changer. Ces carottes ont besoin d'être coupées, l'injustice doit être combattue et les mauvaises habitudes doivent être modifiées. Mais avant d'agir, il faut bien comprendre qu'on ne peut pas se contenter de détruire et de savoir ce que l'ingrédient peut nous apporter. La patience le permet. Et elle est nécessaire.

Certains pensent à tort qu'être patient, c'est être passif… que la patience dans le travail rend faible alors qu'en fait elle est source de force et de sagesse. Elle permet à la tâche que nous effectuons de venir à nous, de nous dire ce qu'il faut faire, de nous montrer ce qu'elle peut donner au final. Elle nous aide à collaborer avec ce qui vient à nous au lieu de vouloir tout contrôler. La patience crée une pause et, donc, une opportunité de réagir d'une façon non pas mécanique et névrosée mais approfondie.

Plus vous passerez de temps dans votre cuisine, plus vous aurez l'occasion de vous exercer à être patient. Alors considérez cela comme un entraînement : une relation régulière, dynamique, ouverte avec les forces incontrôlables et intermittentes du monde. Quand on est impatient, irritable, frustré, c'est signe qu'on n'est pas satisfait de, ou pas en harmonie avec ce qui m'arrive. Comment réagir ? Doit-on pousser doucement dans la bonne direction ou simplement laisser les choses se dérouler normalement ? Quelle est la meilleure réponse ? Quelle est la réaction la plus utile à avoir maintenant ? Prenez du recul quelques secondes et soyez patient. La réponse viendra à vous.

AU-DELÀ DES CINQ SENS

Tout le monde connaît les cinq sens : la vue, l'ouïe, le goût, le toucher et l'odorat. Et tout le monde peut aussi facilement imaginer comment ils sont sollicités quand on cuisine. Pourtant, selon certains scientifiques, nous possédons beaucoup plus que cinq sens basiques ou, pour être plus précise, ces sens ne sont que des catégories permettant de classer une vaste palette de stimulations sensorielles.

Nous avons par exemple un sens qui s'appelle la proprioception qui permet de connaître la position des différentes parties de notre corps et, par exemple, de se gratter la jambe sans avoir besoin de la regarder. Il y a aussi l'équilibrioception qui donne le sens de l'équilibre et de la pesanteur et nous indique où est le bas et le haut. La faim et la soif sont aussi considérées comme des sens ainsi que la capacité à avoir conscience du temps qui passe.

Le goût est un sens particulièrement complexe car il aide à identifier différentes saveurs : le salé, le sucré, l'amer, l'acide et le savoureux. (Certains vont même jusqu'à prétendre que le gras est une saveur.) Le toucher permet, entre autres, de détecter le chaud et le froid, l'agréable et le douloureux, la texture, la pression.

Quand on cuisine, on sollicite l'ensemble de nos sens, du plus basique au plus complexe. C'est pour cette raison que cuisiner est source de tant de plaisirs et de connexions. Faites le test. Un jour où vous n'avez pas le moral, le cœur à la fête, faites une recette ni trop simple ni trop compliquée. Une recette qui nécessite des épices qui sentent merveilleusement bon ou de beaucoup manipuler le couteau comme un ragoût ou un curry. Que se passe-t-il quand vous laissez ce moment, empli de sensations agréables, s'installer ? Que se passe-t-il quand vous arrêtez de penser et que vous réagissez à ce que vos sens vous disent, au vaste et complexe mélange d'odeurs, de goûts et de sensations ? Laissez-les vous envahir, les pieds bien plantés en terre, et le cœur bercé par le doux et savoureux plaisir d'être vivant.

Un cuisiner chevronné peut lever la tête en continuant à couper une carotte et savoir rien qu'à l'odeur que le poulet qui cuit dans le four est prêt. On peut, certes, régler un minuteur sur la durée indiquée dans la recette, mais la cuisson est une science tout sauf exacte. C'est pourquoi être capable de savoir quand quelque chose est prêt par l'odeur ou le toucher (ou le goût, bien sûr) est beaucoup plus pratique que n'importe quel gadget. Même le bruit que font les aliments en cuisant donne des indications. La confiture, par exemple, passe d'un gargouillement léger à un bouillonnement plus lent et plus lourd quand elle épaissit.

Pour acquérir ces fascinantes capacités quand on débute, il faut rester alerte, présent, attentif au langage des sens, ce qui n'est pas difficile à faire mais souvent facile à oublier. C'est pourquoi, quand on cuisine, on doit absolument être pleinement conscient. Et c'est aussi pourquoi il faut lutter contre la distraction qui survient d'une façon ou d'une autre. L'un des grands plaisirs de la cuisine, c'est l'extrême rapidité entre l'apprentissage et la mise en pratique. Chaque odeur, chaque glougloutement, chaque changement de texture est l'occasion d'apprendre, de s'épanouir, d'acquérir de l'expérience, de se détendre et de s'impliquer encore plus.

Comme tout ce qui est nouveau, plus vous pratiquerez et plus vous y consacrerez de temps, plus vous serez à l'aise et, par conséquent, plus vous serez capable d'apprendre en expérimentant. Quand on est fébrile, anxieux à l'idée d'apprendre (comme c'est souvent le cas), quand on découvre une nouvelle activité, on se contente souvent de mener à bien la tâche qu'on s'est fixée sans tenir compte des indices sensoriels qui sont là – disponibles, fiables et souvent agréables à capter. Avec le temps, ils seront vos meilleurs alliés.

IDÉE FOLLE

Pour devenir un bon cuisinier, il faut être capable de cuisiner sans minuteur. Je sais ! C'est de la folie, un désastre assuré ! Ou, tout au moins, la garantie d'être encore plus fébrile et angoissé. Sans doute mais pas que.

D'abord, je l'admets, les minuteurs sont très pratiques et jamais je ne vous conseillerai de totalement vous en passer. Ils jouent un rôle important et ont évité bien des catastrophes dans toutes les cuisines du monde. Donc, l'idée n'est pas de faire une croix sur les minuteurs mais d'essayer de moins dépendre d'eux.

Pourquoi ? D'abord à cause de la diversité des cuisines et des équipements. Tout le monde sait qu'aucun four ne cuit de la même façon. Les casseroles et les poêles n'ont pas toutes la même taille, les mêmes matériaux, la même épaisseur. Quant aux ingrédients, ils varient d'un jour à l'autre : plus épais, plus juteux, plus gros, plus petits. C'est pourquoi, quand on se base sur la durée de cuisson indiquée dans une recette (surtout les premières fois qu'on la fait), on court un vrai risque. Ce n'est pas parce qu'une recette dit que ça prendra 20 minutes que cela sera le cas. Ce sera peut-être 20 minutes cette fois et 15 la prochaine.

Le second point est encore plus important : quand on attend que le minuteur nous dise que c'est prêt, on oublie d'être attentif ou on ne l'est qu'à moitié. On le règle et on passe à la tâche suivante en oubliant souvent complètement le plat qui cuit jusqu'à ce que la sonnerie retentisse. Et comme, dans l'intervalle, on n'y a pas jeté un seul coup d'œil, on n'a pas vu comment il évoluait pendant la cuisson. On n'apprend rien, on n'essaie rien et on n'exerce pas nos sens.

Quand on ne met pas de minuteur, on surveille ce qui cuit. Nos sens sont décuplés. On se sent irrémédiablement attiré vers le four. On reste connecté à notre plat même quand il a disparu derrière une porte ou sous un couvercle. Il est toujours dans un coin de notre tête, comme un feu clignotant qui nous dit de ne pas oublier. On sent les odeurs, on soulève le couvercle, on donne un petit coup de cuiller, on goûte, on est sur le coup.

Dans certains cas, il faut bien sûr utiliser un minuteur, comme quand on fait plusieurs recettes en même temps ou quand on est particulièrement distrait ou stressé. Mais quand on « oublie » de le mettre dans des circonstances plus propices, cela devient tout de suite plus intéressant et plus instructif.

Si vous ne pouvez pas vous passer de minuteur, faites comme si ce n'était qu'une suggestion, qu'un rappel vous indiquant qu'il faut vérifier la cuisson. Mettez-le quelques minutes plus tôt qu'indiqué pour voir le plat cuire et mieux comprendre l'aspect et l'odeur qu'il doit avoir quand il est prêt.

Parfois, le plus important, c'est d'être attentif. Quand on se concentre sur ce qu'on fait, quand on garde nos sens éveillés à chaque étape de la fabrication, il y a des chances pour que le résultat soit délicieux. Et même si on échoue et qu'au final, c'est immangeable, on aura fait tellement attention qu'on pourra tirer une leçon utile de ce fiasco.

La poétesse Mary Oliver dit que l'attention est le commencement de la dévotion. Qu'est-ce qui accapare toute votre attention ? Cela en vaut-il la peine ? À quoi voulez-vous vous consacrer aujourd'hui ?

Flan à presque toutes les sortes de fruits

C'est l'un de mes desserts préférés. Je le fais depuis des dizaines d'années. On me demande d'ailleurs souvent sa recette que je partage avec plaisir. La voici donc. La particularité de ce flan, c'est qu'il n'est pas sucré, ce qui fait ressortir toute la douceur de la pâte et des fruits qui contraste subtilement et délicieusement avec la crème. Comme la croûte contient tout le sucre, elle caramélise en cuisant et prend une texture croustillante, légèrement caoutchouteuse d'un sucré intense.

Même si beaucoup de fruits conviennent pour ce flan, certains sont à éviter. J'ai découvert cette recette sous la forme d'un flan aux cerises à base de cerises en boîte parfaitement égouttées. Même si c'était délicieux, un jour, j'ai mis des cerises fraîches à la place, puis toutes sortes de fruits différents. Je l'aime particulièrement avec des figues (coupées en deux ou en quatre), des abricots frais ou des prunes (coupés en deux, dénoyautés et posés le creux vers le bas). Ce flan est aussi très bon avec des poires ou des pommes à condition de les cuire avant : je les pèle, je les tranche et je les fais revenir dans un peu de beurre jusqu'à ce qu'elles commencent à ramollir avant de les poser, généralement, en spirale sur la pâte.

Testez cette recette avec des fruits qui vous inspirent, à condition qu'ils supportent bien la cuisson. Par exemple, évitez les melons et les fruits qui doivent être très sucrés pour être bons comme les kumquats.

(pour un flan de 28 centimètres ou de 8 à 12 personnes)
1 1/4 tasse de farine • 1/2 cuillerée à café de sel •
1/2 cuillerée à café de cannelle moulue •
1/2 cuillerée à café de levure • 115 g de beurre doux •
1 tasse de sucre • 2 tasses de fruits frais (voir ci-dessus) •
2 œufs • 2 tasses de lait demi-écrémé

Faites préchauffer le four à 190 °C.

Dans un bol moyen, mélangez la farine, le sel, la cannelle et la levure. Mettez de côté.

Avec un batteur électrique ou sur socle, mélangez le beurre et le sucre. Ajoutez le mélange contenant la farine et fouettez brièvement pour les combiner. Le mélange doit être granuleux mais suffisamment humide pour tenir en une boule. Mettez-en de côté ¼ de tasse.

Étalez le reste en rond aux dimensions d'un moule à tarte à fond amovible de 28 centimètres. Appuyez bien dessus pour que les bords soient suffisamment hauts et épais pour retenir la crème.

Ajoutez les fruits en les répartissant uniformément sur la pâte. Saupoudrez-le ¼ de tasse de farine restant dessus. Posez le moule à tarte sur une plaque de cuisson (au cas où la crème coule quand vous la mettrez) et glissez-la dans le four. Faites cuire environ 15 minutes ou jusqu'à ce que la croûte commence à dorer et qu'elle soit légèrement gonflée.

Pendant que la pâte cuit, fouettez les œufs dans un petit bol. Puis ajoutez le lait demi-écrémé et continuez à fouetter pour bien tout mélanger. Quand les 15 minutes sont écoulées, ouvrez la porte du four, tirez sur la plaque pour la sortir à moitié et, tout en la tenant bien droite, versez rapidement et soigneusement la crème dans la pâte en la remplissant au maximum si vous osez. Repoussez

délicatement la plaque dans le four et fermez la porte. Faites cuire encore 25 minutes ou jusqu'à ce que la croûte soit bien dorée et que la crème soit cuite.

Retirez du four et laissez refroidir avant d'enlever le bord du moule. Laissez refroidir complètement avant d'enlever le fond. Servez à température ambiante ou légèrement frais. Il vaut mieux manger cette tarte le jour même, car la croûte ramollit au fil des heures.

Remarque : On peut remplacer la cannelle par d'autres épices moulues, comme de la cardamome, ou un mélange d'épices. La combinaison « anis étoilée – cannelle – gingembre » est succulent avec les poires !

PRENDRE SOIN DES CHOSES

Les plats sont lavés, rincés et empilés pour sécher. Les carottes et les oignons sont pelés, tranchés, pesés, cuits. La soupe est mélangée, assaisonnée, goûtée, réassaisonnée, laissée sur un feu ultra-doux pour continuer à mijoter doucement mais toujours sous surveillance. La table est nettoyée, le sol balayé, les courses rangées dans les placards. Les chiffons sont lavés, pliés et mis dans un tiroir près des couverts propres et ordonnés.

Les taches autour de la cuisinière sont épongées, les déchets mis à la poubelle, le reste de poulet mis à décongeler au réfrigérateur. La pâte à pain est pétrie, le produit vaisselle et l'éponge bien alignés sur le bord de l'évier, la bouilloire remplie pour la prochaine tasse de thé. Une tasse propre attend d'ailleurs son tour tout près de là.

La cuisine est un endroit où on prend soin des choses. Ce faisant, on crée un lien, une relation qui, au fil du temps, s'intensifie et devient intime. En plus de combler un besoin basique chez l'homme, l'intimité tempère aussi et surtout le besoin d'en avoir toujours plus. Elle soulage la sensation de manque. Elle apaise les désirs effrénés et les petites voix craintives qui nous font oublier ce qui est vraiment important. Elle comble les vides, répare les fissures, ponce les surfaces rugueuses jusqu'à ce qu'elles soient lisses et agréables à toucher.

Dans la cuisine, nous découvrons, testons et actualisons cette forme d'intimité en faisant des petits gestes simples : en remplissant le bol de sucre, en réparant une assiette cassée, en raclant les restes d'une carcasse de poulet pour faire des sandwichs ou une salade. Nous apprenons que nous sommes toujours connectés à quelque chose : que ce soit un évier rempli d'épinards, les désirs de quelqu'un d'autre ou même le flot turbulent de nos pensées. Être ainsi connecté rend vulnérable. Et comme ce n'est pas toujours facile d'être vulnérable, cela nous aide à aborder les choses avec une certaine tendresse, de la bienveillance et de la délicatesse.

Certes, la cuisine est parfois un lieu impitoyable, sauvage et dur. Cette dureté est importante et instructive et est elle-même une forme de connexion et d'intimité. Si vous vous êtes déjà méchamment brûlé la main ou avez bataillé contre une invasion de fourmis, vous comprenez sans doute ce que je veux dire.

Mais surtout, la cuisine est l'endroit où on fait la soupe, où on remplit la bouilloire et ou on plie les torchons. C'est l'endroit où on apprend à nourrir et à être nourri, à donner et à recevoir, à comprendre ce qui est le plus précieux et ce qu'on ressent quand on en prend soin. Telles sont les leçons qu'on apprend dans une cuisine, pour peu qu'on y soit attentif.

QUAND ON LAVE LES PLATS, ILS NOUS LAVENT AUSSI

Il y a des tâches qu'on déteste tout de suite, automatiquement, sans y réfléchir. Par exemple, la vaisselle sale qui s'empile, la recette qui commence en disant de couper six oignons, le coup de serpillière hebdomadaire dans la cuisine. Quelles tâches ingrates ! Et pourtant, ces soi-disant corvées peuvent nous offrir beaucoup plus que la petite pointe de satisfaction qu'on ressent quand on les a terminées, car elles sont souvent très simples et peuvent donc donner une sensation de détente et de présence. Grâce à elles, on peut fendre l'armure, oublier les soucis de la journée et accueillir dans notre vie un ou deux moments de tranquillité, de simplicité et de réflexion.

Les tâches ingrates apprennent aussi à s'ancrer quelque part : à l'évier, à la planche à découper, au four. Et c'est bien. En apparence, cet ancrage peut paraître contraignant, alors qu'en fait, il limite vraiment le nombre de choix que l'on doit faire. C'est l'un des intérêts de la méditation assise : éliminer les distractions externes pour pouvoir se recentrer sur soi-même et voir plus clairement ce qui se passe là, maintenant. Quand on est debout près du four ou au-dessus d'un évier rempli de vaisselle, on peut sentir un calme, une lucidité au milieu de la tempête, surtout si la tâche est simple, répétitive ou très habituelle pour nous : comme couper des carottes ou mélanger une sauce.

Pensez à ces tâches comme une occasion d'intégrer votre corps, de passer en revue les événements de la journée et d'assimiler les leçons que vous en avez tirées – les erreurs, les victoires ainsi que tout le quotidien. Prenez le temps de laisser les choses se poser et d'intégrer votre cerveau, car c'est essentiel pour avoir une vie heureuse et riche. Si vous vous dépêchez d'expédier une corvée, vous raterez cette occasion. Quand on se cale sur le tempo d'une tâche, on permet à son corps et à son esprit de s'aligner après une rude journée. Et ça, c'est royal.

C'est ainsi que quand on lave les plats, ils nous lavent aussi.

Malgré ces perspectives d'introspection, d'alignement et de joie, on a quand même parfois du mal à faire certaines tâches difficiles ou ennuyantes. Dans ces moments-là, je conseille d'avoir recours à des outils ou des petits plaisirs pour se motiver, par exemple mettre de la musique ou écouter la radio ou un podcast. Effet garanti. Autre truc : investir dans du matériel qu'on a plaisir à utiliser. Pas la peine de faire compliqué. Un simple produit nettoyant délicieusement parfumé suffit. Ces petits extras vous aideront très certainement à vous plonger plus profondément dans les tâches quotidiennes et à vous aider à vous détendre et même, peut-être, à y prendre du plaisir.

L'INGRÉDIENT ULTIME

Même si cela me désespère et cela me pèse de l'admettre, je suis nulle en jardinage. Je n'ai pas le feeling avec les plantes et ne comprends rien à leurs besoins. Je m'inquiète et je les arrose trop, et puis je les oublie et je les laisse mourir. J'en expose certaines trop au soleil et j'en mets d'autres trop à l'ombre tout en oubliant la dernière fois où je leur ai donné de l'engrais ou alors auxquelles j'en ai donné. Seules les plantes les plus robustes (géraniums et romarin) semblent être capables de survivre à mes soins. Cette tare a un avantage : elle me permet d'avoir de l'empathie pour les autres, notamment ceux qui n'arrivent pas à cuisiner. En effet, tout le monde n'est pas naturellement doué pour ça.

On peut remédier à ce soi-disant manque de talent avec deux ingrédients (non, en fait, trois comme on le verra plus tard) : la persévérance et l'expérience. Autrement dit, quand on ne sait pas bien cuisiner ou qu'on a du mal à acquérir certaines techniques, il faut persister jusqu'à ce qu'on ait atteint un bon niveau. Suivez des cours, parlez à des gens, demandez de l'aide et des instructions, lisez, documentez-vous et, plus important encore, allez dans votre cuisine et lancez-vous. Au fil du temps, vous vous améliorerez et finirez par acquérir ce qui semble impossible quand on commence : l'instinct qui permet de savoir ce qu'il faut ajouter ou pas et de savoir quand un plat est parfaitement cuit, ainsi que la capacité d'assembler des ingrédients intéressants et délicieux sans (apparemment) aucun effort.

La marche à suivre est simple. Commencez par acquérir des connaissances et des techniques de base, puis pratiquez et persévérez. Vous acquerrez ainsi de l'expérience qui vous aidera à vous détendre suffisamment pour cuisiner de façon plus instinctive, cuisiner *au pif* comme disent les Français, bref avoir du flair !

Dans un jardin, le temps de réaction – et donc d'apprentissage - est plus long. Quand je tue accidentellement un plant de tomates en juillet, je ne peux pas en replanter avant l'année suivante. Mais, dans une cuisine, quand on se trompe au cours de la rude phase d'apprentissage, on peut recommencer le lendemain ou même l'instant d'après.

En attendant, ne vous laissez pas décourager par les cuisiniers plus expérimentés qui débarquent dans la cuisine, goûtent au bouillon qui mijote sur le feu, ajoutent nonchalamment quelques grains de sel et un trait de citron, puis s'éloignent en laissant derrière eux un plat infiniment plus raffiné et goûteux. Pour un débutant, c'est comme s'ils avaient donné un coup de baguette magique au-dessus de la cocotte alors qu'en fait, ils ont passé des années à goûter des bouillons, à rajouter trop ou pas assez de sel jusqu'à ce que leur instinct leur dise quoi faire.

Et je suis persuadée que tout le monde peut acquérir cet instinct.

Mais comment tenir le coup jusqu'au jour où on aura suffisamment d'expérience pour cuisiner d'instinct ? Comment supporter ces bouillons tristes et insipides, ces poulets trop cuits et ces salades mollassonnes ? La réponse est simple : grâce à l'amour. L'amour est le troisième ingrédient. Et c'est le plus important. Il donne l'énergie, l'enthousiasme, la bienveillance et la persévérance nécessaires. L'amour donne envie de faire des plats délicieux pour les gens qu'on aime. L'amour est un moteur même quand on a le cœur et le corps fatigués. En la cultivant dans votre cœur, vous verrez surgir dans tous vos plats cette sauce secrète (et pas si secrète que ça), plus puissante que le sel ou le citron. Vous ne me croyez pas ? Vous trouvez que ça n'a aucun sens ? Essayez. La prochaine fois que vous serez devant votre gazinière, en train de mélanger une sauce, mettez un peu d'amour dedans et regardez ce qui se passe.

SE CONFRONTER À LA DIFFICULTÉ

Bien qu'elle soit chaude et douillette, la cuisine peut aussi être brutale car on y est exposé à des choses désagréables comme la mort, la pourriture ou les invasions. Comment évolue le sentiment d'intimité face à du lait caillé, du pain moisi, ou l'obligation de tuer ? Que se passe-t-il quand on se rappelle soudain que la viande est un muscle ou un organe provenant d'un être autrefois vivant ou que nous découvrons que le sachet de farine est envahi d'horribles petites bestioles ?

L'envie de partir peut être puissante et parfois même nécessaire, car ces découvertes nous confrontent de loin ou, dans certains cas, directement à notre propre mort. Notre façon de réagir ou de travailler avec ces aspects difficiles de la cuisine est aussi importante et puissante que respirer l'odeur du basilic haché dans une cuisine remplie de soleil. Qu'est-ce qui vous dérange et pourquoi ? L'aversion est-elle la seule réponse possible à ce challenge ? Pouvez-vous avoir une réaction plus neutre ou même de la curiosité ?

L'important, c'est d'être capable de remarquer ce qui vous dégoûte et, si possible, de comprendre pourquoi. Donc, la prochaine fois que vous serez face à quelque chose qui vous révulse, essayez de faire une pause et d'être ponctuellement dans l'instant présent. Vous aurez peut-être encore un mouvement de recul, ou alors vous découvrirez que ce que vous avez sous les yeux n'est pas si mauvais ou si horrible que cela.

Bien sûr, chacun réagit à sa façon. Certaines personnes font de bons bouchers alors que d'autres préfèrent faire pousser des haricots verts et des carottes. Certains adorent l'intense complexité du nuoc-mâm tandis que d'autres ne pourront pas s'approcher à deux mètres d'un morceau de roquefort. Certains détestent la pâte molle et douceâtre des flans et n'aiment que les saveurs fortes et robustes. Personne n'a tort ni raison. Il faut juste le remarquer, le vivre pleinement avant d'y mettre fin.

Alors oui, tout n'est pas que rayons de soleil et pots de miel dans une cuisine. Il y a des moments difficiles, désastreux, ennuyeux, tendus. S'habituer au repoussant, être là pour le désagréable et le douloureux, est une leçon essentielle qu'on ne peut ignorer. Mais, tant qu'à faire, autant commencer par des choses moins extrêmes, surtout quand on n'a pas l'habitude de cuisiner. Exercez-vous d'abord à remarquer, recevoir, accepter ce qui se passe dans une ambiance légère, heureuse et joyeuse pour préparer le terrain, vous muscler émotionnellement pour le moment où la vie deviendra plus difficile. Car cela arrivera immanquablement un jour.

Seulement deux ingrédients

Cuisiner ne doit pas forcément être long et compliqué. En fait, rien n'oblige à ce que ce soit long et compliqué : on peut se contenter de réunir ou d'assembler rapidement et spontanément deux (ou peut-être trois) délicieux ingrédients.

Ces recettes montrent comment, en restant simple et en se restreignant, on peut obtenir un résultat presque magique, encore meilleur que les produits de base. Voici quelques suggestions pour les moments de rush où vous aurez envie de calmer au plus vite et de façon agréable votre faim.

En-cas pour une chaude après-midi d'été

Placez quelques grosses cuillerées du meilleur yaourt que vous pouvez trouver dans un joli plat. Coupez un mini-concombre glacé en petits dés et incorporez-le dans le yaourt. Dégustez lentement à l'ombre d'un arbre ou assis devant un ventilateur. Version sucrée : remplacez le concombre par de la confiture aux abricots ou aux fraises maison.

Des tomates et du sel

Si vous avez des tomates dans votre jardin, vous le faites sans doute déjà. Si vous n'avez pas de tomates de jardin, demandez, troquez ou volez un beau spécimen, mûr à point, ou au moins utilisez-en un acheté à un producteur local au marché. Les tomates de supermarché

n'ont aucun intérêt. (En fait, les tomates de supermarché n'ont pratiquement jamais aucun intérêt.)

Le sel est le deuxième ingrédient clé. Si vous n'avez que du sel de table basique, ça ira. Mais si vous en avez du fantaisie, du en lamelles, c'est le moment de le sortir. Les gens civilisés couperont la tomate en grosses tranches, la saupoudreront de sel et la mangeront à table, avec un couteau, une fourchette et une serviette posée sur les jambes. Quant aux hédonistes, ils mordront dedans à pleines dents comme si c'était une pomme, en la saupoudrant de sel à chaque bouchée. Comme ce sera terriblement salissant, il vaut mieux le faire dehors ou au milieu de votre carré de tomates. Kilométrage alimentaire = zéro. Plaisir = extrême.

Du pain et du chocolat

Coupez une grosse tranche de pain frais. Mon préféré est le pain brioché à base d'œufs, même si les pains de campagne ou au levain sont aussi très bien. Prenez une barre de votre chocolat préféré (plutôt du chocolat ultra-noir ou au moins à plus de 55 pour cent) et râpez-le ou coupez-le en petits morceaux avec un grand couteau de chef sur une planche à découper. Il en faut suffisamment pour faire une couche de plus de 5 millimètres sur le pain. Répartissez-le sur la tranche de pain en laissant un petit espace sur les bords pour qu'il ne coule pas en fondant.

Placez le pain sur la grille du four et faites griller jusqu'à ce que le chocolat commence à fondre. Surveillez bien la cuisson, car le chocolat brûle facilement. Laissez-le dans le four assez longtemps pour qu'il devienne tendre sans fondre complètement, de préférence et si possible, sur la grille du bas. Retirez-le doucement du four et, avec un couteau, étalez-le uniformément sur le pain. Puis coupez-le en deux et dégustez. (Bonus : cette recette est très bonne avec une pincée de flocons de sel marin dessus mais, comme cela ferait trois ingrédients, faites comme si je n'avais rien dit. Ou alors utilisez du chocolat à la fleur de sel.)

Autres possibilités pour mini-recettes

Des tranches de pomme croquante avec de la mimolette vieille ; un œuf poché saupoudré de fleur de sel ou servi avec une grosse cuillerée d'un reste de salsa verde (page 187) ; du riz japonais chaud roulé dans des feuilles de shiso ; des radis craquants sous la dent avec du beurre de chèvre ; du melon servi en tranches, saupoudré d'une chiffonnade de basilic ; une datte farcie avec une amande ; la moitié d'une pêche très mûre, avec le trou du noyau rempli de ricotta ; des figues fraîches et très mûres coupées en deux et nappées de miel ou, pour encore plus de saveur, une cuillerée de fromage de chèvre frais.

ÉCOUTER LE BASILIC

L'autre jour, j'ai ramené un énorme bouquet de basilic du marché. Malgré le vent et le brouhaha ambiant, j'ai senti son odeur à deux mètres de distance et je me suis arrêtée net. Vigoureuses et épicées, ses feuilles étaient épaisses et robustes, un peu comme du cuir. C'était du basilic, cultivé dans une chaude vallée californienne, cueilli avec ses racines et rassemblé en énormes bouquets entassés dans des seaux d'eau. J'aurai voulu en ramener une pleine brassée chez moi, mais je me suis contentée d'un seul bouquet. Il se trouve maintenant dans un vase sur ma table de cuisine et me rappelle, par sa fougue, la nature intense et fugace de la vie. « Sois attentive ! », me dit-il. Et je le suis.

On peut passer beaucoup de temps en pilote automatique dans une cuisine surtout quand on a l'habitude de cuisiner et qu'on émince pour la millième fois un oignon ou qu'on tend mécaniquement la main vers une casserole suspendue au même crochet depuis quatorze ans. En prenant automatiquement le relais, notre mémoire musculaire nous permet de nous déplacer librement, presque sans penser, dans un espace qui nous est familier. Or, même s'il peut être plaisant, ce sentiment de familiarité nous fait facilement entrer dans une sorte de brouillard où les plaisirs et les dangers de la cuisine sont estompés. On s'active, l'esprit ailleurs, quand soudain on glisse et on se coupe, on oublie d'ajouter l'ail, on loupe l'occasion de sublimer le plat en rajoutant une poignée de basilic haché…

Il faut donc avoir quelque chose qui nous maintienne éveillés, conscients et en prise avec notre environnement. C'est le rôle de mon bouquet de basilic. Il me rappelle de faire plus attention à des sens qui restent souvent au second plan, comme l'odorat ou l'ouïe. Une fois qu'il m'a réveillée avec son parfum sauvage, je commence à faire attention aux autres odeurs de la cuisine. Que sentent ces oignons qui reviennent dans un fond d'huile ? Sont-ils encore sucrés ? Leur odeur change-t-elle quand je rajoute du sel ? Et quand je détecte une pointe légèrement amère et âcre (flûte !), je sais que je les ai laissés brûler.

Comme je vous l'ai déjà expliqué, quand on ouvre ses sens, on ouvre aussi son imagination et on commence à explorer de nouveaux territoires. L'odeur des pêches qui mûrissent près de mon bouquet de basilic capte soudain mon attention, me donne des envies. Et si je les utilisais tous les deux pour le dîner ? Dans une salade, peut-être ? Ou alors, sous la forme d'une glace à la pêche et de confit de basilic ? D'une sauce à la pêche et au basilic ? D'une compote ?

Cherchez un équivalent à mon bouquet de basilic frais. Ramenez-le chez vous et posez-le au centre de votre cuisine, là où vous êtes sûr de le voir. Laissez-le vous rappeler d'utiliser tous vos sens et d'engranger les bienfaits d'avoir le corps et l'esprit présents, ouverts aux dangers et à la magie de la vie, à l'intérieur comme à l'extérieur de la cuisine.

Les carottes
ne répondent pas
même l'ail
se soumet
ce n'est pourtant pas une histoire
de pouvoir
c'est une histoire de clarté
et de faim et de la façon dont les jours
se transforment en nuit, puis encore
en jours pour que
l'hiver cède la place au printemps pour que
la verdure apparaisse – soudain, sauvagement, tendrement –
pour que
le dîner soit préparé d'une façon ou d'une autre
et que le ventre soit rempli
et comment suis-je arrivé ici
et pourquoi pas des pommes de terre
et l'amour dans tout ça et soudain, férocement, tendrement
toutes les choses, tous les endroits, enfin
sont là.

Rinsho Ikushin

L'intimité spirituelle

Trouver l'intimité par le corps, les sens, la conscience basique d'être vivant, est la première étape. Mais hormis - pour ne pas dire « en plus » - d'être des créatures physiques, nous sommes aussi des créatures spirituelles. D'une certaine façon, nos corps sont dans un état d'intimité permanent car ils sont programmés pour cela : être dans le monde, être en contact (avec le sol, les objets, l'air, les gens) et réagir.

En revanche, la manière dont nous gérons cette intimité en nous, la manière dont nous traitons nos pensées, nos préférences, nos traits de caractère et nos émotions est souvent beaucoup plus complexe. Et la cuisine est autant un lieu d'émotions qu'une simple pièce où l'on prépare à manger. Notre relation avec les aliments, la nourriture, l'alimentation, le plaisir et la douleur, notre conception du manque et de l'abondance, de notre valeur et de notre responsabilité envers notre famille – tout cela est là et se manifeste. C'est une histoire de cœur, et sa vraie nature ne peut pas être cachée, du moins pas longtemps. Quelle est la vraie nature de votre cœur à vous ? Comment l'exprimez-vous ? Comment voyez-vous le monde quand vous êtes pleinement là, que vous répondez à ses demandes ?

Ces questions vous étonnent peut-être. Et pourtant, je suis sûre que vous sentez leur force quand elles vous agrippent, vous appellent à plus d'intimité, à une meilleure connaissance de vous-même pour mieux vous intégrer dans le monde qui vous entoure. En laissant cette intimité nous enrichir, nous répondons de façon plus raisonnée et donc plus loyale à la vie. Nous ne nous laissons plus régir par nos impulsions, nos névroses et de vieux schémas obsolètes. Nous nous relions au monde, face à face, d'une manière très directe et constructive.

L'intimité spirituelle n'est pas facile à acquérir car, pour la ressentir, il faut renoncer au besoin de tout contrôler et d'être en sécurité. Il faut laisser les choses être ce qu'elles sont, entièrement, et nous toucher complètement, sans retenue. Est-ce possible ? Est-ce possible constamment ? Pour certains, c'est l'exacte définition de l'illumination, la notion d'éveil spirituel des bouddhistes. Une ouverture indirecte à toutes les expériences. Peut-être. Mais c'est aussi, comme je l'explique page 34, une des définitions de la folie. Ce qui est primordial et, à mon avis, plus intéressant, ce n'est pas de tendre vers un objectif quasi irréalisable mais d'observer simplement comment l'intimité est présente (ou pas) dans nos vies bruyantes, compliquées et affairées.

La cuisine s'y prête bien sûr très bien, car on y travaille en gardant nos sens en alerte et en créant un espace dans lequel on se sent à l'aise et en sécurité. Quand on s'engage physiquement dans un processus de transformation (c'est-à-dire la cuisine), on peut aussi s'exercer à remarquer ce qui se produit quand on accueille et on conserve l'intimité en nous.

Si ce concept est nouveau pour vous, je vous conseille de commencer par ce qui vous attire, ce qui vous donne du plaisir, ce qui vous aide à vous détendre et ce qui est toujours là. Quand vous vous serez stabilisé (ce qui peut prendre une vie), explorez petit à petit des choses moins agréables : vos aversions, vos moments de tristesse, vos déceptions. Pouvez-vous vivre complètement la frustration de voir un gâteau tomber ou la déception de ne pas voir quelqu'un que vous aimez sécher sans s'excuser un dîner que vous avez préparé pour lui ? Que se passe-t-il quand nous traitons les instants où nous sommes le plus fragile avec le même soin et la même attention que ceux où nous sommes heureux et passionnés ?

Comment commencer ?

Allez dans votre cuisine et notez ce qui vous attire et ce qui vous repousse sans jugement ni tentative pour y remédier. Contentez-vous de le remarquer. Cela peut être quelque chose d'évident comme poser la main sur la poignée brûlante d'une casserole sur le feu ou aussi obscure que cette pointe de dégoût quand vous désossez un poulet. Cela peut être également aussi salissant et jouissif que de sucer la chair accrochée à un noyau de mangue ou aussi raffiné que de siroter une tasse de thé vert parfait dans sa tasse préférée. Dans tous les cas, essayez d'être attentif, conscient d'une façon simple et absolue, de vos aversions et de vos attirances.

Et surtout, essayez de ressentir l'intimité, de la façon la plus neutre possible. Ne vous en éloignez pas, et ne la freinez pas avec vos idées et vos désirs. Laissez juste ce moment venir à vous et accueillez-le. Laissez-le vous imprégner, devenir intime avec vous et ne le chassez pas avec des conclusions hâtives ou des préjugés. Laissez-le être, proche et intime. Laissez-le s'imprimer en vous. Puis laissez cette intimité, cette sensation de vivre pleinement ce moment, vous dire comment réagir.

UN PETIT MOMENT D'ATTENTION ET DE BEAUTÉ

L'autre jour, j'ai préparé une courge musquée pour le dîner, un travail qui demande pas mal d'attention car il nécessite de couper sa peau dure et glissante avec un couteau tranchant. Pas question de laisser ses pensées vagabonder comme lorsqu'on écosse des petits pois ou qu'on pétrit de la pâte. Je devais être là, entièrement.

En même temps, que voulait la courge ? Être épluchée ou pas ? (En général, j'évite de le faire.). Être d'abord épluchée puis coupée ? (Ça dépend des variétés.) Et comment faire des cubes réguliers et uniformes, surtout quand on arrive près du trou où étaient les pépins ? (Je n'y arrive pas.)

J'étais donc dans ma cuisine, à la fin d'une journée comme tant d'autres, un couteau dans la main et l'esprit concentré sur la tâche devant moi. C'était agréable d'être là, au moins cet après-midi-là, avec la chaleur du four qui détendait mes épaules et les derniers rayons de soleil qui s'attardaient sur le rebord de la fenêtre.

Bientôt, mon monde s'est réduit au bruit régulier du couteau sur la planche à découper, au ronron sifflant du four à gaz en train de préchauffer, aux dernières feuilles d'automne craquant sous les pieds des passants. La chair orange, exposée et poisseuse, était posée près d'un bol turquoise rempli d'un enchevêtrement de fils et de pépins. Mon front perlait de sueur et mon ventre gargouillait, car je commençais à avoir faim.

Difficile, pour moi, de transmettre la beauté et la perfection de ce moment de pleine attention. Le mieux, c'est sans doute de dire que je ne désirais rien d'autre, que je n'attendais rien, que je ne manquais de rien. Juste un petit gargouillement dans mon ventre qui allait bientôt être calmé et la vision de la magnifique chair de la courge dans la lumière tombante de fin de journée.

C'est à ce genre d'instant qu'il faut faire attention, à ce genre de moments ordinaires, quotidiens d'où une forme de beauté simple mais puissante peut émerger. Cette beauté subite et fugace ne peut pas être achetée, reproduite ou mise sous cadre. Elle ne peut pas être créée ou modifiée. Il faut juste, quand elle est là, la remarquer.

La beauté est déjà là, partout. Pour l'apprécier, il faut juste faire l'effort de la voir : un calme moment d'attention et de plaisir, et la simple, banale mais très particulière mélodie de la vie.

Purée de courge épicée au four

Pour 8 personnes, en accompagnement
Beurre pour le plat et la garniture • 1 courge musquée d'environ 1 kg • 3/4 de tasse de crème fraîche épaisse • 2 cuillerées à café de miel • 1 piment séché, de la variété jalapeño, coupé en très petits dés • 1 gousse d'ail râpée, pressée ou finement émincée • 1/2 cuillerée à café de sel • Lait (facultatif) • 1 1/2 tasse de croûtons de pain • Coriandre ou persil haché pour décorer

Préchauffez le four à 190 °C. Beurrez un plat à gratin de 1,5 litre et mettez-le de côté.

Pelez et épépinez la courge, puis coupez-la en cubes d'un centimètre. Répartissez uniformément les cubes de courge dans le plat à gratin. Couvrez avec du papier aluminium et faites cuire 40 minutes. Piquez un cube pour vérifier s'il est bien tendre : la pointe du couteau doit facilement percer la chair sans pour autant s'enfoncer comme dans du beurre. Au besoin, remettez au four, recouvert de papier aluminium, pendant environ 10 minutes.

Pendant ce temps, dans un bol moyen, mettez la crème fraîche épaisse, le miel, le piment, l'ail et le sel. Fouettez vigoureusement pour bien mélanger et rendre la crème plus légère et plus fluide. Au besoin, rajoutez un trait de lait.

Versez la crème épicée sur la courge en la répartissant bien dans le plat. Recouvrez d'une bonne couche de croûtons et parsemez de noisettes de beurre. Faites cuire, sans papier aluminium, pendant encore 30 minutes ou jusqu'à ce que la courge soit complètement molle et que le dessus soit bien doré.

Retirez du feu et laissez reposer 5 minutes. Garnissez de coriandre ou de persil et servez.

Remarque : Cette recette est aussi délicieuse avec des patates douces. Dans ce cas, pelez et coupez les patates en tranches de 5 millimètres et disposez-les en couches dans le plat beurré en les faisant légèrement se chevaucher.

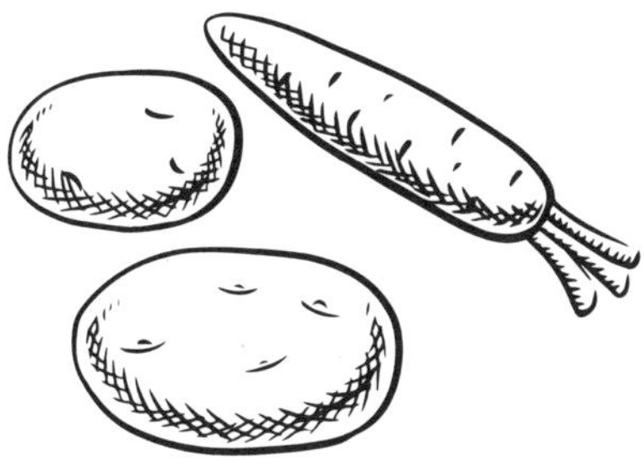

CREUSER SUR LE LONG TERME : ENCORE QUELQUES MOTS SUR LA MÉDITATION

Le matin est un moment parfait pour méditer car l'esprit est encore engourdi et les défis de la journée encore lointains. Quand on se réveille le matin, on est un peu malléable et vulnérable, un peu moins sûr de qui on est et où on va. Notre corps et notre esprit n'ont pas encore eu le temps de revêtir l'armure que nous trouvons normal d'arborer en société. C'est le moment idéal pour s'asseoir et entretenir la base d'où émergeront toutes nos pensées et toutes nos actions au cours de la journée.

Pour méditer, le mieux, c'est de s'asseoir dans le calme et de rester le plus immobile possible. On peut ainsi commencer à oublier certaines de nos vieilles manies : penser et agir à longueur de temps. Quand on médite, on ne pense pas et on ne fait rien. Et c'est beaucoup, beaucoup plus facile à dire qu'à faire.

Mais ne vous découragez pas ! Si certaines personnes arrivent à méditer relativement facilement, la plupart des gens doivent y travailler (oui, c'est surprenant, mais c'est la vérité). Il faut entraîner son corps et son esprit à rester assis sans rien faire, à être tranquille. Et pour cela, il faut persévérer et être patient. Persévérer veut dire s'asseoir pour méditer tous les jours, ou presque tous les jours, même si ce n'est que 5 minutes. Et il faut aussi être patient, car la méditation est tout sauf une histoire de perfection ou d'objectifs à atteindre. Méditer, c'est creuser sur le long terme.

Quand on commence à méditer, on est parfois surpris de voir à quel point nos pensées sont axées sur le stress du futur ou les difficultés du passé. C'est normal. Tous les esprits font ça. Mais on peut en sortir et se libérer pour que notre esprit reste là, en suspens, légèrement, sans se prendre dans les filets de la douleur et des avantages, des opinions et des actions du passé et du futur.

L'astuce la plus classique pour se ramener dans le présent consiste à se concentrer sur sa respiration. Suivre le va-et-vient de l'air dans ses poumons aide beaucoup, car ce mouvement sera toujours là, tant qu'on sera en vie. Pour respirer, pas la peine d'acheter ou de porter un gadget particulier. Ni d'avoir un diplôme spécial ou de vivre au sommet d'une montagne sacrée. Quelle que soit notre vie, notre respiration sera toujours là. Tout ce qu'il faut faire, c'est se concentrer dessus. C'est tout. C'est à la fois d'une simplicité enfantine et d'une difficulté extrême !

Le plus gros challenge, c'est de remarquer l'instant où on s'est déconnecté de notre respiration et où on a laissé de nouveau libre cours à nos pensées. Quand on y parvient, on a fait 90 pour cent du travail. Si vous remarquez que vous avez décroché, ramenez doucement, gentiment vos pensées vers l'instant présent. Ne laissez pas votre esprit faire ce qu'il veut, ne vous reprochez pas de l'avoir laissé dériver. Ne vous en voulez pas. Contentez-vous d'arrêter le flot de vos pensées avec un « oh ! » ou un « oups ! ». Personnellement, pour me recentrer, j'aime remarquer quelque chose de neutre dans la pièce où je me trouve et me concentrer dessus, par exemple la lumière qui passe par la fenêtre.

Une autre technique très efficace consiste à se concentrer sur les bruits. Une maison est rarement complètement silencieuse. Qu'entendez-vous ? Le ronronnement du réfrigérateur, peut-être ? Quels sons proviennent de dehors ? Le chant des oiseaux, le bruit des voitures, un avion qui passe au-dessus de chez vous ? Une fois que vous êtes revenu dans le « ici et maintenant », cherchez votre respiration. Et recommencez. Encore. Encore, encore et encore.

Vous pensez peut-être que la méditation n'est pas pour vous. Que vous n'arriverez pas à rester assis dans le calme même si vous en avez très envie. Ou peut-être que cela marche mais que vous avez du mal à méditer tous les jours. Si c'est le cas, je vous recommande de commencer petit, comme ce moment de méditation avec mon thé que j'ai partagé avec vous. Bien sûr, aucun centre de méditation officiel ne vous donnera un tel conseil, mais c'est un début pour ceux qui ont essayé la méthode traditionnelle et ont peiné ou échoué. Si c'est votre cas, s'il vous plaît, essayez la méditation du matin dont je parle en page 25 ! Au fil du temps, vous aurez peut-être envie de moins de distractions et de formes de méditation plus classiques. On en trouve partout maintenant, soit dans un centre spécial soit sur Internet.

Si vous préférez méditer d'une façon moins formelle, plus personnalisée, c'est très bien aussi. C'est bien d'être ambitieux, mais n'abordez pas vos séances de médiation avec l'envie d'en tirer des bienfaits, de faire des progrès. Essayez juste d'être régulier et laissez la méditation vous amener là où elle veut, même si c'est juste sur une chaise, dans le salon, une tasse de thé à la main.

LE CAHIER DE CUISINE

J'ai un vieux cahier en cuir rouge sur l'étagère de ma cuisine, dissimulé entre deux gros et imposants livres de recettes. J'y note des idées de recettes ou j'y décris ce que j'ai vu, mangé ou observé lors de mes déplacements en ville ou plus loin. Il n'est pas du tout organisé ou divisé en parties. Il est brouillon, désordonné, un peu comme une « boîte à idées » où je range des informations que je ne veux pas oublier mais que je n'ai pas le temps de classer.

De temps en temps, je descends mon cahier de son étagère et je le feuillette en quête d'une idée qui pourrait m'inspirer (une terrine de foies de volaille aux pommes et au calvados ; un chutney à la menthe et à la coriandre ; un ceviche de truite, au citron vert, au lait de coco, au piment et à la mangue). Ou je relis les textes raturés ou gribouillés de menus d'anciens dîners. Parfois, une liste de musiques, de livres et de films accroche mon regard. Une citation ou un poème qui m'ont marquée surgissent çà et là ou un dessin grossier.

Certes, avoir un cahier de cuisine n'est pas une idée révolutionnaire. Beaucoup de gens en ont même un sous forme numérique avec des recettes du monde entier classées par thèmes et archivées avec la liste des invités et des scans des étiquettes de vin. Mais je préfère ma version à moi, avec ses pages froissées couvertes de taches de vin et son classement aléatoire. J'aime les

fautes d'orthographe, les ratures, les extrapolations et le fouillis. Quand je l'ouvre, c'est comme si je me lançais dans une chasse au trésor : quelle recette oubliée depuis longtemps, quelle suggestion originale, quel menu mémorable vais-je redécouvrir cette fois ?

Chaque fois que j'ouvre mon cahier, je suis ravie de le posséder même si je l'utilise trop peu en ce moment. La vie est intense, et c'est facile d'oublier ces petits détails merveilleux, intéressants, délicieux, inspirants, utiles, étonnants qui jonchent notre route. Le cahier électronique est très beau et très pratique mais, personnellement, je trouve qu'un vrai cahier couvert d'écritures, avec ses imperfections et sa joie de vivre, incite plus à sortir de la norme, du pratique, et à emprunter les chemins tortueux de la création.

Je vous encourage donc à avoir et à utiliser un cahier de cuisine qui vous plaît, qu'il soit électronique pour une approche plus organisée et plus pratique, ou classique pour apprécier comme moi les déambulations du crayon sur le papier.

Petite terrine de foies de volaille aux pommes et au calvados

J'ai appris à faire cette terrine lors d'un stage dans une boulangerie « française » du Milwaukee quand j'étais jeune. Au début, c'était le seul et unique moyen de me faire manger des foies de volaille, mais avec les années, c'est devenu ma recette préférée, car elle met vraiment en valeur cet aliment nutritif et délicieux. Cette terrine a généralement beaucoup de succès, même parmi ceux qui disent détester le foie, dans les occasions spéciales ou les soirées improvisées. Comme on peut la cuisiner à l'avance et la congeler, je vous conseille d'en faire beaucoup pour toujours avoir un mets délicieux à offrir à vos amis.

Présentez-la tout simplement tartinée sur des bouts de baguette fraîche, ornée d'un morceau de pomme et d'une feuille de persil. Ou, en formule express, servez-la dans un plat spécial avec une corbeille de pain. Comme c'est souvent le cas avec les terrines de foie, ce n'est pas le mets plus appétissant de la terre, alors essayez de le décorer joliment pour donner envie d'y goûter. Ensuite, vous n'aurez plus qu'une crainte : qu'il y en ait assez.

170 g de beurre doux à température ambiante · 1 pomme, évidée, pelée et coupée en morceaux · 1/2 tasse d'échalotes hachées · 500 g de foies de volaille nettoyés · 1/2 tasse de calvados (ou de brandy si vous en avez) · 1/2 cuillerée à café de thym séché · Sel et poivre

Faites fondre 2 cuillerées à soupe de beurre dans une grande et large poêle sur feu moyen. Ajoutez la pomme et faites-la revenir.

Puis mettez les échalotes et faites cuire 2 à 3 minutes. Ajoutez alors les foies de volaille avec une nouvelle cuillerée à soupe de beurre si besoin. Faites revenir les foies jusqu'à ce qu'ils commencent à dorer à l'extérieur (en restant roses à l'intérieur).

Ajoutez le calvados et continuez la cuisson pendant environ 1 minute pour le réchauffer, puis coupez le feu. Craquez une allumette, puis en penchant légèrement la poêle pour faire couler le calvados d'un côté, enflammez-le. Vous pouvez entendre comme un souffle au début, mais ne vous inquiétez pas, c'est normal. Ça va vite se calmer et les flammes vont diminuer. Flambez les foies en les remuant de temps en temps jusqu'à ce que la flamme s'éteigne. Laissez refroidir à température ambiante. C'est important car cela empêchera les foies de faire fondre le reste du beurre quand vous les hacherez ensemble.

À l'aide d'une grande cuiller, transvasez les foies dans un robot muni d'un couteau et hachez jusqu'à l'obtention d'une pâte lisse. Coupez le reste du beurre (conservé à température ambiante) en morceaux et ajoutez-les à la pâte avec le thym, une bonne pincée de sel et plusieurs tours de moulin à poivre. Mixez 1 minute, goûtez et, si besoin, rectifiez l'assaisonnement. Transvasez dans des boîtes, couvrez et conservez au réfrigérateur pas plus d'une semaine (ou au congélateur jusqu'à trois mois). Comme cette terrine contient beaucoup de beurre, il vaut mieux la sortir un peu avant de la servir.

Remarques : Utilisez une pomme un peu acide comme les Granny Smith ou les Jonathan, car avec une pomme plus douce, cela risque d'être écœurant.

Beaucoup de gens filtrent leur terrine de foie dans une passoire après l'avoir mixée pour la rendre encore plus onctueuse. Pourquoi pas, à condition d'avoir une passoire fine dans vos placards. Sinon, elle sera quand même délicieuse et très lisse après quelques bons tours dans votre robot ménager.

COMMENT CUISINER CHAQUE JOUR DE CHAQUE ANNÉE DU RESTE DE VOTRE VIE ?

Il y a autant de façons de s'approcher d'un four que de s'agenouiller et d'embrasser le sol comme disait le poète Rûmî. Quand ils cuisinent, les optimistes sont pleins d'espoir, mus par le désir de nourrir, de prendre du plaisir à sustenter et être sustenté, à faire du bien à ceux qu'ils aiment et à eux-mêmes, ce qui leur donne la force de continuer – autant de caractéristiques de l'optimisme. Mais certains sont un peu plus pessimistes même si, personnellement, je trouve que cuisiner est foncièrement une activité optimiste. Mais peut-être pas ? Qu'en pensez-vous, les pessimistes ?

Parfois, pour ne pas dire souvent, on cuisine par obligation. On a une famille à nourrir, des invitations à rendre ou simplement des ventres à remplir. Parfois l'obligation constante et quotidienne de préparer à manger n'est que ça : une obligation surtout quand on surveille de près son budget et qu'on ne peut pas faire d'écart en allant au restaurant ou en commandant un plat à emporter. C'est donc pour certains une corvée ou au moins un travail dur, constant pour ne pas dire ingrat. On n'arrête de manger que quand on est mort ou presque mort. C'est donc une histoire sans fin.

Je peux tout à fait cuisiner par devoir ou obligation, car je sais très bien que chaque minute de ma vie ne peut pas être baignée d'espoir, d'optimisme et de joie. D'ailleurs, quand on y pense, dans la vie presque tout est une question de maintenance, notamment se nourrir, rester propre et s'abriter quelque part. C'est l'aspect très pragmatique de « coupons du bois et transportons de l'eau » que j'aime particulièrement dans la cuisine. Cela m'ancre à la terre, comme si j'étais un simple animal pris dans le train-train quotidien de tous les animaux de la création : se trouver quelque chose de délicieux à manger.

Alors que faire quand on s'ennuie en cuisine à force de préparer mécaniquement à manger ? Encore un oignon à couper, une carotte à peler… Un nouveau jour, un nouveau poulet. Dans les cuisines zen où j'ai travaillé, ces moments sont considérés comme de magnifiques occasions de prendre conscience de nos pensées non conditionnées. Dans les cuisines zen, chaque instant est nouveau et chaque activité, une occasion de s'éveiller. Même quand on se retrouve face à une tâche monumentale comme éplucher et couper des seaux entiers de légumes pour la soupe du soir, chaque brocoli est un nouveau brocoli, chaque carotte est complètement différente de la précédente. On aborde la tâche avec une vision à long terme et on la traite étape par étape, une carotte, un oignon, un brocoli à la fois. Quand on arrive à faire cela, à rester conscient et attentif, on ne s'ennuie pas, on n'a pas l'impression d'être pris dans une routine. Ou sinon, cela nous laisse complètement indifférent. C'est plus facile à dire qu'à faire, je sais (et comment !), mais ce n'est pas impossible.

On peut donc faire n'importe quelle tâche (récurer l'évier, sortir le compost ou créer un sublime gâteau d'anniversaire à cinq étages pour son meilleur ami…) en restant éveillé, attentif et reconnaissant. Même si, à première vue, la fabrication d'un gâteau à étages semble plus fun et plus excitante, tout convient, tout fait partie de la vie, tout est source d'éveil, précieux et en prise avec l'existence. Il faut juste se souvenir de le voir sous cet angle-là.

Alors la prochaine fois que vous ferez quelque chose par obligation ou devoir, la prochaine fois que vous soupirerez d'ennui à l'idée de préparer un nouveau repas ou que vous aurez envie de foncer chez McDo au lieu d'être encore obligé de passer une nouvelle soirée à cuisiner, souvenez-vous que l'une des rares choses que nous pouvons contrôler dans la vie, c'est notre attitude, notre point de vue, le poids et la qualité de nos pensées. Oui, c'est un travail ennuyeux, abrutissant mais abordez-le un oignon, une carotte à la fois et peut-être, je dis bien peut-être, que vous découvrirez des trésors cachés.

Au moins, vous finirez avec un succulent repas maison. Et qu'y a-t-il de plus précieux et de plus nécessaire dans la vie ?

RATISSER LARGE OU PROFONDÉMENT ?

Il y a deux façons simples d'atteindre un certain niveau d'excellence en cuisine : en étant multidisciplinaire et donc en allant piocher dans plein de traditions, de méthodes, d'aliments différents ou en se spécialisant dans un domaine particulier comme la fabrication du pain, la cuisine iranienne ou les desserts. Laquelle est la meilleure ? Je dirais aucune. Certains cuisiniers sont de bons experts et d'autres sont de meilleurs « généralisateurs », même si cela peut être drôle et utile de sortir de temps en temps de son cadre familier.

Votre truc à vous, c'est peut-être le pain. Vous passez tous vos week-ends et beaucoup de vos soirées à entretenir et nourrir votre levain chef et à surveiller son niveau d'hydratation. Vous connaissez tous les secrets du pain et êtes capable d'en fabriquer du délicieux. Mais qu'en faites-vous après ? Comme vous ne pouvez pas vous nourrir exclusivement de pain, vous pouvez éventuellement prendre un moment pour apprendre à fabriquer une vinaigrette parfaite pour assaisonner une jolie salade que vous servirez avec. Ou vous pouvez peut-être tester la recette de la soupe poireaux-pommes de terre à base de seulement cinq ingrédients.

Et que pouvez-vous mettre sur votre pain ? Du beurre maison ? Ou une tapenade musclée aux olives et à l'ail. Un savoir-faire exclusif est intéressant mais peut apporter bien d'autres satisfactions si on essaie de l'élargir un peu et d'observer ce qui se passe. D'un simple petit effort, on peut transformer sa passion du pain en quelque chose d'un peu plus nourrissant et universel : un dîner !

De même, il est utile d'avoir un répertoire large et varié. Le problème, c'est que ça part un peu trop dans tous les sens. Même si c'est super que vous sachiez faire des pâtes, des currys et des salades, que se passerait-il si vous vous concentriez sur un seul genre de cuisine cette semaine ? Ou si vous ne cuisiniez que des recettes, issues du même livre, avec une esthétique ou un style particulier ? Approfondir un sujet, l'explorer en détail, n'est pas seulement drôle et intéressant, cela permet aussi de se concentrer, de se discipliner et de découvrir des choses vers lesquelles on n'était pas attiré naturellement.

Pas évident de sortir de sa zone de confort ou de se concentrer sur un seul objectif, mais essayez, ne serait-ce qu'une fois. Qui sait ce que vous allez découvrir sur vous-même et sur ce que vous êtes capable de faire. Ces territoires inexplorés sont parfois effrayants, parfois excitants, mais toujours instructifs !

Soupe poireaux pommes de terre

et ses 12 variantes

Ceci est plus un exercice qu'une recette, une sorte de point de départ pour apprendre à cuisiner avec des techniques simples et son imagination. J'ai choisi cette recette car elle est d'une simplicité enfantine et très adaptable avec ses 12 façons de la faire à votre goût personnel. Ce qui la rend aussi extraordinaire, c'est la manière dont - avec quelques ingrédients basiques et de l'eau - on peut créer une soupe magique, presque sophistiquée. Lancez-vous et appréciez à la fois la fabrication et le résultat !

Pommes de terre à chair ferme comme les Bintje, les Manon ou les Agria • Poireaux • Beurre • Sel et poivre

Prévoyez, grosso modo, deux fois plus de pommes de terre que de poireaux. Donc, si vous avez 2 tasses de poireaux, vous devez en avoir 4 de pommes de terre. Coupez les poireaux dans le sens de la longueur, puis dans la largeur pour faire des demi-lunes. Arrêtez au niveau du vert foncé qui est trop épais (contrairement au vert clair). Mettez-les dans une passoire et rincez-les soigneusement pour enlever toute la terre. Laissez-les égoutter dans la passoire 1 minute, puis transvasez-les dans une casserole ou une petite cocotte avec un petit morceau de beurre.

Faites revenir les poireaux à feu moyen, en les mélangeant de temps en temps, jusqu'à ce qu'ils soient tendres, ce qui prend normalement

entre 10 à 15 minutes. Évitez de les faire trop dorer, car les poireaux ont alors tendance à dégager une odeur âcre. Mais une pointe de doré ici et là, ça va.

Pendant ce temps, coupez les pommes de terre. La Bintje est la reine incontestée des pommes de terre. Si vous voulez avoir un résultat grossier, avec de la texture, ne les pelez pas. En revanche, si vous voulez une soupe plus raffinée, pelez-les. Coupez-les en gros cubes et mélangez-les aux poireaux sautés.

Versez ensuite suffisamment d'eau pour couvrir les pommes de terre et ajoutez une grosse pincée de sel. Portez à faible ébullition et faites mijoter doucement jusqu'à ce que les pommes de terre commencent à se désintégrer, en ajoutant de l'eau si nécessaire. Cela peut prendre entre 20 à 40 minutes.

Pour faire un velouté, mixez la soupe dans un robot (attention, ne remplissez pas le bol, car cela va éclabousser… et tenez le couvercle avec une serviette !) ou, mieux encore, achetez et utilisez un mixeur plongeant. Sinon, l'outil le plus simple pour écraser les pommes de terre directement dans la casserole et en faire une purée grossière est la cuiller en bois.

Vérifiez si c'est suffisamment salé, car il faudra certainement remettre du sel, et rajoutez quelques tours de moulin à poivre. Et voilà ! En fait, c'est maintenant que ça commence vraiment, même si cette soupe simple à base de cinq ingrédients est déjà délicieuse comme ça. En effet, si vous choisissez des ingrédients bien mûrs, que vous les nettoyez soigneusement et que vous les faites cuire jusqu'à ce qu'ils se désintègrent complètement, vous ne risquez pas de vous tromper. Mais voici une liste, un point de départ, pour aller encore plus loin.

Mettez plus de graisse : ajoutez du beurre ou de l'huile d'olive avant de servir.

Ajoutez un laitage : incorporez-y de la crème fraîche épaisse ou légère ou du yaourt.

Ajoutez une pointe d'acidité : mettez quelques petits morceaux de citron confit dans la soupe et mélangez.

Passez en mode végétalien : remplacez le beurre par de l'huile d'olive ou de pépins de raisin.

Ajoutez de la viande : garnissez votre soupe de lardons, de morceaux de jambon fumé, de tranches de saucisse.

Mettez des herbes : agrémentez votre soupe de thym frais ou d'une cuillerée de pesto.

Boostez : pendant la cuisson des poireaux, ajoutez un piment sec entier ou du piment en poudre.

Épicez : ajoutez une pincée de curry ou de cumin.

Colorez : recouvrez d'un nuage de paprika (fumé, normal ou piquant).

Donnez plus de saveur : ajoutez du sel fumé ou à la truffe. Tranchez un petit bulbe de fenouil et faites-le cuire avec les poireaux.

Faites un échange : remplacez les pommes de terre par des patates douces.

Accomplissez un miracle : des invités imprévus ? Sachez qu'on peut quasiment doubler la quantité de cette soupe en rajoutant un liquide : de l'eau, bien sûr (en regoûtant la soupe pour voir si elle est encore suffisamment salée et épicée) mais aussi du bouillon de poulet, du lait ou de la crème pour une version plus stylée.

QUEL GENRE DE CUISINIER ÊTES-VOUS ?

Un jour, alors que je faisais un test sur Internet, je me suis arrêtée net quand on m'a demandé quel genre de cuisinière j'étais. Dans les réponses, il y avait « généreux » (enthousiaste et partageur), « méthodique » (comme dans « fan de recettes longues et compliquées »), « créatif » (aimant la nouveauté et l'originalité), « ambitieux » (aimant impressionner et être le meilleur, avoir le meilleur) ou « healthy » (fan de fraîcheur et de nutrition). Comme on ne pouvait cocher qu'une case, j'ai fini par lâcher ma souris et fermer la page. Tous ces choix étaient soit exagérés, soit insuffisants et plus frustrants qu'autre chose.

Oui, je sais, les tests en ligne ne sont pas ce qu'on fait de mieux pour apprendre à se connaître, comme je l'ai découvert à l'adolescence en piquant le *Cosmopolitan* de ma mère pour faire les tests de compatibilité amoureuse en cachette. Mais parfois, ils posent des questions qui obligent à réfléchir. Comment me décrire ? Quel genre de cuisinière suis-je ?

J'ai vite découvert qu'en fait j'étais tout sauf une certaine sorte de cuisinière. Quand je repense à cette liste (généreux, méthodique, créatif, ambitieux, healthy), je me dis que si j'étais parfaitement honnête, je cliquerais dans les cinq cases et j'en rajouterais probablement d'autres pour que ça me corresponde mieux (par exemple, comme ça, spontanément : paresseuse, désorganisée, romantique, pratique, curieuse et maladroite).

Et plus je réfléchis, plus la liste s'allonge car certains jours, je suis confiante et confirmée, je sais exactement quoi faire, alors que d'autres, pas du tout. Parfois, je me contente de fromage et de craquelins pour le dîner et d'autres, je prépare une soupe élaborée avec du pain frais et une petite salade aillée.

Même s'il est très important de se connaître, d'avoir confiance en ses atouts et ses faiblesses, il faut aussi éviter de se restreindre, de se limiter. Si vous pensez être trop impatient pour faire du pain ou trop maladroit pour prélever les filets d'un poisson, c'est sans doute (un peu) vrai. Mais cela ne veut pas dire que vous ne pouvez pas prendre le temps d'apprendre à le faire, de vous étonner vous-même en réussissant à ôter les arêtes d'un poisson. Autrement dit, ne laissez pas vos expériences vous empêcher d'innover, de sortir de votre train-train habituel. Ne laissez pas vos préjugés dicter vos actions.

Petit défi du jour : essayez de faire quelque chose qui va à l'encontre de votre caractère. Essayez d'être le genre de cuisinier que vous n'êtes pas. Salissez tout si vous êtes ordonné, testez une recette branchée si vous ne jurez que par le poulet rôti. Vous êtes un boulanger dans l'âme ? Dans ce cas, aujourd'hui, c'est bouillabaisse ! Vous ne mesurez jamais rien ? Choisissez une recette et suivez-la à la lettre.

Soyez attentif à vos pensées quand vous réfléchissez à quel genre de cuisinier vous êtes et regardez ce qui se passe quand vous les oubliez. Cherchez ce qui vous rend libre. Est-ce dans votre histoire personnelle ou dans ce qui se passe quand vous l'oubliez ?

LES ZONES DE CONFORT

On prend vite des habitudes, on tombe vite dans la routine dans une cuisine et ça se comprend : on est tous très occupés et, par facilité, on finit souvent par faire ce qu'on fait le mieux, surtout quand on doit alimenter d'autres personnes et qu'on manque de temps. Mais ces habitudes, ces zones de confort, peuvent aussi être un piège - certes rassurant car on maîtrise notre sujet, on se sent en sécurité - mais qui peut aussi être un peu ennuyeux et banal, confiné dans une routine que plus rien ne justifie. Il faut donc se secouer, ne serait-ce qu'un peu, pour donner un peu de fraîcheur et de fantaisie à notre vie, à notre table et à notre ventre.

Pas la peine de tout révolutionner. Il suffit d'essayer une nouvelle recette par semaine ou même par mois, les week-ends par exemple, au lieu de le faire dans la folie d'un soir de semaine. Ou de choisir un nouvel ingrédient chaque fois qu'on fait un gros plein de courses et d'apprendre tout ce qu'on peut à son sujet pour l'utiliser le plus possible dans nos plats. On peut aussi se demander pourquoi on n'aime pas tel ingrédient ou telle sorte de cuisine, ou pourquoi on pense être meilleur en gâteaux qu'en plats salés.

Il suffit parfois de modifier son environnement pour booster son énergie. Même si les cuisines sont des espaces difficiles à aménager et ont souvent des meubles fixés, il suffit d'ajouter quelques étagères ou de peindre le plafond en bleu pour tout changer. Ou de prendre un week-end, comme moi récemment, pour réorganiser ses placards pour qu'ils correspondent mieux à sa façon de travailler. Ce sont parfois des trucs très bêtes qui aident, comme nettoyer son réfrigérateur ou ranger ses affaires autrement.

Traquez aussi vos petites manies. Essayez de repérer quand vous agissez ou pensez par habitude et demandez-vous : Est-ce vraiment utile ? Cela m'aide-t-il, me plaît-il ou est-ce juste une habitude que j'ai prise ? Que se passerait-il si j'arrêtais ? Cela risque de vous sembler bizarre au début mais, avec le temps, vous verrez aussi de nouvelles possibilités s'offrir à vous.

Le principe est de se débarrasser d'un automatisme qui n'a plus lieu d'être et ne sert plus à rien. La vie n'est pas éternelle et chaque instant est une occasion unique d'engranger plus d'expérience, de découvrir de nouvelles saveurs et de nouvelles textures. Ne l'oubliez jamais et marchez vers l'inconnu, maintenant. Bouleversez un peu la routine. Prenez des risques. Osez la nouveauté. Que risquez-vous ?

LA TÉMÉRITÉ, L'ÉCHEC ET LA VULNÉRABILITÉ

On aimerait tous être téméraire, avoir le courage d'affronter un dragon, le dos bien droit, le regard franc, une épée à la main et le cœur plein de courage. On aimerait tous ne pas avoir à subir les affres du doute et de l'hésitation, à oser explorer l'inconnu et chercher ses trésors cachés hors de notre zone de confort pour nous couvrir de louanges et de gloire.

Être téméraire, c'est avoir peu de regrets et beaucoup de victoires. On maîtrise tout et on pulvérise les doutes et les risques qui se dressent sur notre route. Être téméraire, c'est être le héros et avoir le monde à ses pieds. N'est-ce pas ? Eh bien, pas vraiment.

Sachez d'abord que le fameux « sans peur et sans reproche » est un mythe, car même le plus téméraire des hommes peut avoir peur. Et c'est bien, car la peur évite d'être stupide, de se mettre dans des situations dont on ne peut pas se sortir.

Être téméraire, ce n'est donc pas éradiquer ses peurs mais apprendre à avancer avec elles. La cuisine est l'endroit idéal pour ça, car les peurs qu'on doit y affronter sont beaucoup moins impressionnantes que dans le reste de la vie. La plupart de nos peurs en cuisine ne sont pas si énormes que ça. C'est donc par-là qu'il faut commencer.

En affrontant la peur simple et sans conséquence grave de faire du pain ou d'organiser son premier grand repas, on peut s'entraîner à la combattre ou s'apercevoir qu'on peut la ressentir sans la laisser nous submerger. On peut apprendre à s'en servir comme un outil, comme un professeur. On peut apprendre à ne pas fléchir devant elle, même si elle s'évertue à nous rapetisser et à nous paralyser sur place.

Alors par où commencer ? Quel est le meilleur outil, la formule magique pour surmonter ses angoisses culinaires ? En fait, il faut devenir un fan, un *follower* – un fervent disciple – de l'échec, car la peur de l'échec est souvent à l'origine de bon nombre de nos peurs en cuisine.

Malgré toutes mes élucubrations sur ma passion des cuisines et la joie qu'elles me procurent, je sais aussi que ce sont des endroits difficiles où, à chaque instant, on peut faire une erreur. Même une tâche basique comme prendre un couteau et couper des ingrédients pour faire une salade peut vite dégénérer. Trop ou pas assez d'ail dans la sauce. Trop ou pas assez de poivre ou de sel. De la salade qui crisse sous les dents, des carottes sans goût, des fruits à coque trop grillés. Caoutchouteux/sec, trop acide/trop sucré, trop cuit/trop cru, ennuyeux/trop élaboré – les erreurs potentielles sont nombreuses et variées. Bref, il y a tellement de façons de se tromper dans une cuisine, qu'on peut facilement découvrir nos réactions face à l'échec.

Et c'est une bonne nouvelle, pour ne pas dire une excellente nouvelle, car quand on accepte dès le départ de se tromper, on se fait un cadeau : on se donne la liberté d'échouer. Cette liberté permet d'être audacieux, curieux, acharné dans notre quête du goût qui donnera probablement des résultats délicieux. Ces résultats délicieux vont augmenter notre confiance qui, à son tour, va nous aider à vaincre notre peur.

Alors programmez-vous pour l'échec et échouez ! Si, un jour, un cuisinier vous dit qu'il ne s'est jamais trompé ou est tellement arrogant qu'il paraît invincible, bannissez-le de votre cuisine. Tous les bons cuisiniers échouent – souvent de façon spectaculaire, sans chercher à se justifier.

Pourtant, oui, il est difficile d'échouer. Pour des tas de raisons et notamment parce que cela nous rend vulnérable, fragile, ridicule. Cette vulnérabilité peut nous ramollir si nous la laissons agir ou peut, au contraire, nous durcir et nous protéger. C'est un choix, et c'est un choix important parce que, concrètement, viscéralement, notre taux de vulnérabilité influe sur notre vie et la manière dont nous l'abordons. Êtes-vous disponible et sensible ou froid et fermé ? Conscient, debout, attentif ou réservé et soupçonneux ?

On a du mal à gérer la vulnérabilité, car elle nous met à nu et nous expose au danger. Mais il faut la surmonter. À l'époque où j'allais mal, j'étais coupée des autres, protégée mais pas vraiment heureuse. Une amie m'invitait souvent à venir marcher avec elle et sa jeune chienne. Au cours de nos promenades dans les rues de San Francisco, on rencontrait toutes sortes de chiens dont la plupart étaient beaucoup plus gros que le sien. Chaque fois que cela arrivait, Biscuit (la petite chienne) remuait la queue, se roulait par terre et montrait son ventre. Chaque fois. Même si l'autre était un pit-bull renfrogné ou un terrier surexcité, elle se tortillait, se déhanchait et roulait sur le dos pour exposer son ventre. Les autres chiens réagissaient en remuant la queue et en lui léchant la figure d'excitation et, en moins de temps qu'il nous aurait fallu pour dire « du calme, mon garçon », elle s'était fait un nouveau copain.

Un jour, en observant cette scène pour ce qui nous semblait être la centième fois, mon amie m'a regardée et m'a dit : « C'est de ça dont tu as besoin. Tu dois recommencer à rouler sur ton dos, à montrer ton ventre et à laisser les gros méchants monstres te lécher la figure. » Bien qu'au début cette comparaison m'ait à la fois heurtée et beaucoup fait rire, je l'ai comprise. Il était temps que je prenne des risques, que je brise la coquille, que je laisse la lumière rentrer. Il était temps de montrer mon ventre.

Faire des erreurs rend vulnérable comme d'ailleurs quand on laisse l'intimité pénétrer dans notre vie. Mais quand on s'y entraîne, quand on commence à être attentif et à apprécier les rencontres quotidiennes, quand on baisse la garde et qu'on laisse la beauté, la vérité, la simplicité d'un moment venir à nous, on découvre aussi des nouvelles facettes de notre personnalité. La lumière sur nous est différente, plus forte, et éclaire des coins obscurs, dévoile ce qui était caché. Cela peut être un peu surprenant voire troublant.

Là encore, la cuisine est l'endroit idéal pour s'habituer à ces aspects moins familiers de nous-même. Les cuisines sont des endroits généralement chauds et conviviaux où le pire qui puisse arriver, c'est de louper un plat et d'être obligé de commander une pizza. (Sauf si on fait brûler la maison – le cauchemar absolu qui, heureusement, a très peu de chance de se produire). Les cuisines sont des endroits sûrs où on peut s'ouvrir, vivre de beaux échecs et faire des erreurs intéressantes.

Alors, allez dans votre cuisine vous exercer à vous tromper, à être vulnérable. Faites entrer la lumière de la conscience pour qu'elle éclaire les recoins sombres. Laissez ce que vous y trouvez vous façonner, vous enrichir.

La salade parfaite
(ou comment assaisonner une salade sans rien mesurer)

Il y a quelques années, j'ai lu une recette qui expliquait comment assaisonner une simple salade verte dans un livre de cuisine traditionnelle américain : *The Dairy Hollow House Cookbook* de Crescent Dragonwagon. Et quand je dis «j'ai lu», je veux dire «j'ai lu», car au lieu d'une simple liste d'ingrédients et d'instructions, il y avait plusieurs pages d'un texte très spécifique et très détaillé. Intriguée, j'ai suivi ses conseils et obtenu, en effet, un résultat spectaculaire. Depuis lors, c'est ainsi que j'assaisonne 95 pour cent de mes salades vertes. Cette recette ne m'a jamais déçue. Au contraire, elle ne m'a valu que des compliments.

Voici ma version de La Salade de Crescent Dragonwagon

Laitue • Huile d'olive • Ail • Vinaigre ou 1 citron entier • Sel • Poivre (facultatif)

La salade

Choisissez la salade soigneusement : elle doit être fraîche et savoureuse. Pour gagner du temps, vous pouvez, bien sûr, utiliser les salades prélavées vendues en sachets, mais ce sera moins spectaculaire. En revanche, pour la variété, c'est comme vous voulez en fonction de vos goûts, de ce que vous allez servir avec, et de ce que vous trouvez. En ce qui concerne la quantité, cela dépend du nombre de personnes qui vont la manger, si c'est pour un plat

principal ou un accompagnement, si vous voulez y mettre d'autres ingrédients. En général, le bon dosage est une ou deux grosses poignées par personne.

Le plus important, c'est que la salade soit bien lavée, sans un seul grain de terre et très, très sèche. C'est primordial. Pour la préparer, je remplis l'évier d'eau, j'ajoute la salade, je la remue légèrement avec la main et je la laisse reposer 1 à 2 minutes pour laisser le temps à la terre de tomber au fond. Si la salade est très sale, je recommence. Puis je la retire délicatement de l'eau et je la mets dans une essoreuse à salade.

Après l'avoir essorée, j'étends la salade sur un torchon que je roule sur lui-même pour ôter les dernières traces d'humidité. D'ailleurs, sachez qu'on peut la conserver comme ça, roulée dans son torchon, au réfrigérateur, ce qui permet de la laver un jour à l'avance (mais pas plus !).

L'huile d'olive et l'ail

Utilisez la meilleure huile d'olive que vous pouvez vous permettre d'acheter et l'ail le plus frais que vous trouvez. Il y a en général deux sortes d'huiles d'olive : les bonnes qu'on utilise pour les plats et les recettes dans lesquels d'autres saveurs vont dominer, et les sublimes en point d'orgue pour les salades. Dans ce cas, utilisez si possible le top du top. Il n'en faut pas beaucoup.

Choisissez une petite gousse d'ail, car le but n'est pas de couvrir les autres saveurs mais de les équilibrer. Il y a un monde entre les gousses d'ail fraîches, tendres, douces, replètes et moelleuses (l'idéal) et les vieilles gousses sèches, tachées et âcres. Prenez la meilleure gousse possible. Certaines personnes retirent le petit germe vert qui pousse parfois au milieu. D'autres pas. Moi si.

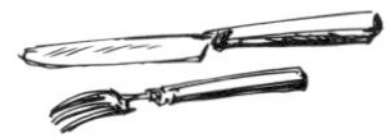

Versez un peu d'huile d'olive dans un grand bol (ou le saladier dans lequel vous allez servir la salade). Un ou deux glouglous suffisent en sachant que vous pourrez en rajouter après. Ajoutez l'ail finement haché ou pressé ou râpez-le directement dans l'huile. Mélangez avec un doigt pour bien recouvrir l'ail d'huile et laissez mariner environ 10 minutes. Profitez-en pour préparer les ingrédients qui viendront éventuellement compléter votre salade.

Le mélange

Préparez tout à l'avance et gardez l'ensemble à portée de main. Si vous comptez mettre du citron, coupez-le en deux. Si vous utilisez du vinaigre, débouchez la bouteille et posez-la près de vous. Ajoutez une bonne dose de sel dans l'huile. Il ne va pas se dissoudre mais se répartir uniformément dedans. Personnellement, j'aime mettre du sel de Maldon à cause de ses cristaux floconneux qui croustillent sous la dent.

Ajoutez les feuilles de salade parfaitement séchées dans le bol et remuez-les gentiment d'une seule main. C'est important, car l'autre main doit rester propre et sèche pour pouvoir ajouter d'autres ingrédients. S'il faut plus d'huile, c'est le moment d'en rajouter (avec la main propre et sèche). Remuez doucement mais minutieusement la salade pour que toutes les feuilles se couvrent d'un fin film d'huile.

L'acidité

Le moment est venu d'acidifier tout ça : généralement avec du vinaigre ou du jus de citron. Versez un peu de vinaigre sur la salade, pas plus de 1 ou 2 cuillerées à café au début. Si vous mettez du citron, pressez-en une moitié au-dessus des feuilles pour commencer. Dans tous les cas, remuez plusieurs fois la salade pour le répartir.

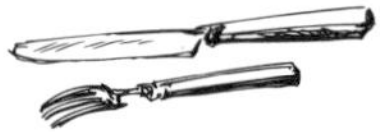

Le goût

Goûtez une feuille. Que manque-t-il ? Du sel ? Cela va faire ressortir les saveurs et les booster un peu. Une pointe d'acidité ? Cela va améliorer et vivifier les saveurs. De l'huile ? Cela va adoucir l'ensemble et atténuer l'intensité du vinaigre ou du citron.

C'est presque terminé

Quand vous aurez trouvé l'équilibre parfait entre le sel, l'acide et l'huile, ce sera pratiquement fini. À ce stade, vous pouvez, bien sûr, servir la salade directement comme ça. Sinon, rajoutez des ingrédients comme du poivre fraîchement moulu (au-dessus d'un petit bol juste avant de faire la salade pour avoir une main libre pour la remuer, ou directement dans le saladier par quelqu'un qui a la bonne idée de passer par-là au bon moment).

Les extras

À ce stade, on peut rajouter des tas d'autres ingrédients qui, selon leur nature, auront une influence sur l'équilibre acide/salé/gras. Alors pensez à goûter chaque fois que vous en mettez pour rajouter un peu de ce qui manque et garder l'équilibre parfait. Par exemple, si vous mettez de l'avocat, vous devrez rajouter un peu plus de sel et une goutte de citron pour contrebalancer sa texture grasse et onctueuse.

Le service

Comme je vous l'ai dit, vous pouvez faire cette salade directement dans le plat de service, ce qui est à la fois pratique et économique. J'ai longtemps procédé ainsi jusqu'à ce que je découvre que les plats plats ou les bols larges et peu profonds étaient encore mieux, car ils empêchaient les ingrédients lourds de « sombrer » au fond du plat.

Pour les dîners où il faut avoir un minimum de choses à faire au dernier moment, essayez cette astuce : ajoutez l'huile d'olive, l'ail, le sel dans le bol et posez délicatement la salade dessus. Coupez le citron en deux et posez-le à côté. Au moment de servir la salade, remuez-la bien, puis ajoutez le citron et le poivre et remuez encore. Voilà ! Vous aurez une salade parfaitement assaisonnée en moins de 30 secondes.

Grâce à cette recette, fini la mare de vinaigrette au fond du plat, finies les feuilles dégoulinantes d'huile… juste une salade parfaitement équilibrée et assaisonnée sans se compliquer la vie. La salade parfaite !

Remarques : Si vous aimez mettre de la moutarde dans votre vinaigrette, mettez-en une petite cuillerée dans l'huile d'olive au début.

L'ail n'est pas obligatoire (je suppose), mais essayez, si possible, d'en mettre.

Si vous voulez ajouter des échalotes hachées, mettez-les dans l'huile avec l'ail au début.

En revanche, si votre ail et vos échalotes sont très forts, mettez-les de préférence dans le vinaigre, dès le début, pour qu'ils aient le temps de s'imprégner et donc de s'adoucir.

CUISINER AVEC LE CŒUR

La cuisine, comme beaucoup de choses dans la vie, est autant une histoire de technique que de sentiment, de cœur. L'une repose sur la concentration et la discipline et l'autre sur le désir de se connecter aux autres, de leur exprimer notre amour. L'un est-il plus important que l'autre ? Sont-ils opposés ? Sont-ils les deux faces d'une même pièce ? Se renforcent-ils mutuellement ? Qu'est-ce qui est le plus important : le bol de soupe parfait ou la personne à qui on le sert ?

Personnellement, la technique m'évoque la maîtrise, l'adresse, la précision. Elle m'évoque des années de travail, de discipline et de détermination, des heures et des heures de pratique et de perfectionnement. Pour maîtriser une technique, il faut être patient et capable de rester concentré sur un objectif lointain. J'ai beaucoup d'admiration et de respect pour les gens qui peuvent faire fructifier leur talent dans un cadre si rigide. Cela me rappelle les candidats à une émission de jeunes talents, des gens à leur zénith, au sommet d'un talent qu'ils ont affûté et poli pour être le plus parfait et le plus précis possible.

Le cœur, lui, m'évoque l'amour, quelque chose de plus libre, de plus sauvage qui survient quand on se relâche et qu'on laisse nos gestes surgir plus profondément de nous, guidés par le besoin basique et très humain de se connecter, de s'exprimer. Le cœur est souvent synonyme de désordre car il n'aime pas vraiment la discipline et est souvent impatient. Bref, « il sait ce qu'il veut » tout en étant aussi très tendre. Contrairement à la technique, le cœur, lui, m'évoque un jeune musicien, seul sur scène pour la première fois, les yeux fermés et la voix vibrante d'émotion.

La technique et le cœur peuvent bien sûr cohabite et même se soutenir. La technique et la précision donnent au cœur une base stable sur laquelle il peut briller. À l'inverse, le cœur peut ternir un peu l'éclat de l'efficacité de la technique et permettre la connexion. Dans l'idéal, ils devraient tous les deux être présents et quand cela arrive, c'est prodigieux.

La cuisine, comme la scène, est un endroit où la technique et le cœur arrivent à trouver naturellement un équilibre. Si un cuisinier ne jure que par la technique, s'il ne cherche que la compétence et se soumet à la tyrannie de la précision, il oubliera ce qui l'a un jour poussé à faire ce métier. Il loupera la formidable et précieuse occasion de profiter de l'une des activités les plus agréables de la vie : cuisiner avec amour pour ceux qu'on aime. Sa nourriture reflétera son niveau technique : elle sera magnifique et probablement très bonne, mais il lui manquera quelque chose d'essentiel.

Toutefois, il faut bien sûr savoir manipuler les ingrédients et les ustensiles correctement. Si on veut se connecter aux autres et leur exprimer nos sentiments, dans toute leur spontanéité et leur brutalité, il faut un cadre, quelque chose qui les contient pour qu'ils soient bien accueillis et acceptés.

Quand on aime quelqu'un, on veut qu'il soit heureux. Un bon plat, préparé avec soin et attention, fera toujours sourire les autres, que ce soit un plat somptueux et complexe ou un simple pot de crème au chocolat parfaitement cuit, avec juste la bonne dose de sucre et de chocolat, dégusté au lit par un après-midi de brouillard, et bien sûr, servi et mangé avec amour.

COMMENT EXORCISER SA COLÈRE ?

Je ne me mets pas souvent en colère, mais quand ça arrive, je sens une énergie sauvage circuler en moi et je dois alors absolument l'extérioriser. Dans ces moments-là, le plus souvent, on claque les portes, on casse des assiettes, ce qui malheureusement ne résout bien… au contraire. On peut aussi crier, mais on risque alors de faire du mal aux autres, car quand le monstre sort de sa cage, on le regrette souvent très, très longtemps.

La colère traduit un sentiment de rejet. Elle cohabite donc très mal avec l'intimité même si certains prétendent qu'on ne se met en colère que contre ce qu'on aime vraiment, qu'avec quelque chose ou quelqu'un à qui on tient énormément. Certes. Mais quand on se met en colère, il se passe quelque chose de déplaisant, quelque chose de très puissant qu'on veut voir disparaître.

En général, on gère sa colère de deux façons : soit en la laissant sortir d'un coup, soit en la réprimant. Dans les deux cas, on n'aime pas ça, on ne veut plus jamais ressentir ça. Pourtant, quand les circonstances de la vie se liguent contre nous, la meilleure réponse peut être la colère. Elle vaut donc la peine d'être explorée pour mieux la connaître et savoir comment se positionner dans ce flot de réactions désordonné.

La colère contient son propre antidote, un sésame pour prendre de bonnes résolutions et trouver la paix. Quelque part au milieu de ce désordre, il y a une vérité qui n'est peut-être pas facile à admettre mais qui vaut la peine d'être connue. On doit être capable d'analyser ce qui se passe même quand on est submergé par la colère. Pas évident. Difficile d'avoir la tête claire quand on balance un chou à l'autre bout de la pièce. Certes, ça défoule, mais ça ne permet pas de comprendre ce qui se passe.

Même si ça peut paraître surprenant, c'est le moment où jamais d'aller dans la cuisine faire quelque chose d'utile, de physique, de vigoureux et de bien fatigant, comme pétrir de la pâte à pain. En redirigeant ainsi l'énergie de la colère vers une tâche productive, on permet au cerveau de comprendre la cause du problème d'une façon plus détachée. Si vous préférez refouler votre colère avant qu'elle explose et qu'elle vous attire des ennuis, la solution est la même. En faisant une tâche énergique, on peut la libérer, la voir en pleine lumière pour y réfléchir avant de la rediriger dans ses doigts.

Alors quand vous sentez la colère monter en vous, ne la laissez pas éclater et ne la réprimez pas non plus, car ce n'est quand se tenant debout au milieu du feu qu'on voit les parcelles de vérité qui soulagent vraiment. Il faut donc rester connecté à sa colère sans la laisser nous contrôler. Et l'une des façons d'y arriver est d'aller dans sa cuisine, de relever ses manches et de fouetter avec ardeur les ingrédients d'un plat délicieux.

Suggestions pour se défouler sur quelque chose de délicieux

Fouettez de la crème avec un fouet manuel, un bol propre et toute la force que vous avez dans votre bon bras.

Oubliez le mixeur électrique et mélangez le beurre et le sucre nécessaires à un dessert avec une cuiller en bois.

Tailladez, puis pressez, pétrissez et écrasez un chou pour faire de la choucroute.

Essayez de faire des gougères, des choux au fromage qui nécessitent de battre des œufs en une belle omelette bien lisse.

Lancez-vous dans la fabrication d'un gâteau aux noix pour pouvoir taper sur les noix (placées dans un sac de congélation fermé) à grands coups de marteau.

Faites de la mayonnaise à la main.

Fabriquez du pain ou des pâtes fraîches pour pouvoir pétrir tout votre soul.

Sortez votre pilon et votre mortier et écrabouillez à tout-va.

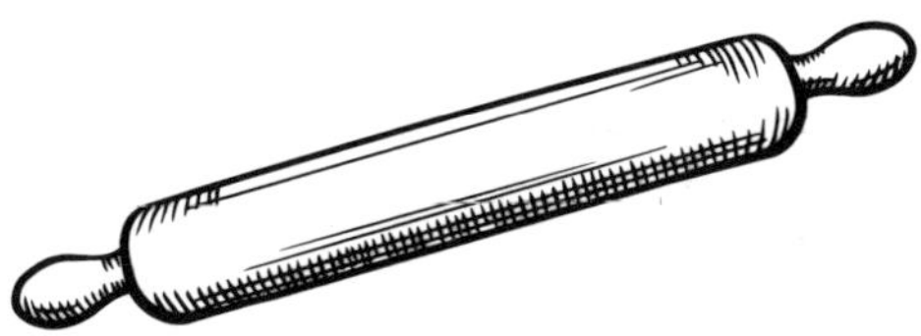

Choucroute maison

Peu de gens ont conscience de l'énergie qu'il faut pour faire de la choucroute, c'est pourquoi cette recette est parfaite pour apprendre à gérer sa colère. Après avoir taillé le chou en lanières, il faut le pétrir, le presser jusqu'à ce qu'il soit complètement mou et humide. Il y a quelque chose de jouissif à prendre un gros tas de feuilles et à les tordre, les écraser entre ses mains. C'est un dérivatif très utile quand l'imagination est en roue libre et la colère dirigée vers une personne en particulier.

1 petit chou (environ 1,5 kg) ·
1 grosse cuillerée à soupe de sel marin (non iodé)

Retirez les feuilles extérieures qui sont fanées ou décolorées. Coupez le chou en quatre et ôtez le trognon. Coupez le chou en lamelles assez fines.

Dans un grand bol, mélangez le chou et le sel. Il faut que le bol soit suffisamment grand pour que vous puissiez mettre les mains et travailler dedans. Avec des mains propres, commencez à pétrir, presser, tordre le chou. Si vous travaillez avec ardeur, le chou va vite flétrir, ramollir et commencer à libérer un liquide. Au bout d'un moment, la quantité de liquide aura pas mal augmenté et le chou sera complètement mou.

Toujours avec les mains, prenez le chou et pressez-le dans un pot en verre à col large stérilisé de 2 litres. Si vous pouvez rentrer le poing dedans, pressez-le jusqu'au fond. Sinon utilisez une cuiller en bois

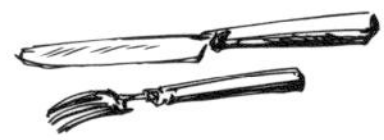

ou le pilon du mortier. Cela fera monter le liquide au-dessus du chou, ce qui est une bonne chose car, pour ne pas s'abîmer, le chou doit être complètement recouvert de saumure. Le pot ne sera pas rempli jusqu'en haut. C'est normal.

Versez le liquide qui reste au fond du bol dans le pot et tassez encore une fois. Si des bouts de chou flottent en surface, essayez de les repousser dans la saumure. À ce stade, on peut plier une grande feuille de chou et la glisser dans le pot pour maintenir la choucroute en place. Personnellement, je la trouve suffisamment bien immergée comme ça. Autre truc : ne coupez pas le chou en lamelles trop fines pour éviter qu'il y ait des bouts qui flottent partout.

Couvrez le pot avec un torchon ou une serviette de table tissée serrée maintenus par un élastique. Posez-le en vue dans votre cuisine pour penser à repousser, si nécessaire, les petits bouts en suspension une fois par jour. Plus le chou va mariner, plus il va être fort. Commencez à le goûter le septième jour. Si vous l'aimez, remplacez le torchon par un couvercle et mettez le pot au réfrigérateur. (Jetez la feuille de chou si vous en avez mis une.) La plupart des choucroutes commencent à avoir du goût au bout d'une semaine, mais on peut la laisser reposer plus longtemps (un mois ou plus) pour laisser les saveurs et les bactéries nécessaires à la fermentation se développer. Comme le froid va arrêter ce processus, laissez-la à température ambiante le plus longtemps possible.

Parfois, un voile blanc semblable à la fleur du vin apparaît en surface. Ne vous inquiétez pas. Il faut juste la retirer avec une cuiller. C'est rare qu'une choucroute tourne, mais si elle le fait, vous le remarquerez tout de suite, car elle dégagera une odeur horrible (loin de sa bonne odeur habituelle), ou elle changera de couleur et deviendra visqueuse. Si cela arrive, jetez-la et recommencez.

Remarque : Cette recette permet de facilement se familiariser avec la technique de la choucroute. Quand vous la maîtriserez, ou si vous vous découvrez une passion pour la fermentation des aliments, vous pourrez investir dans du matériel spécialisé comme une mijoteuse ou un seau fermenteur (disponibles sur Internet). Essayez aussi de faire fermenter d'autres légumes et saveurs comme le cumin, l'aneth, le citron, les carottes ou les betteraves râpées ou le fenouil.

ÊTRE AGILE

La cuisine est l'endroit de tous les challenges qui vont bien au-delà d'un simple mal de dos ou de la difficulté de faire une croûte en treillis. Les cuisiniers doivent réfléchir vite pour pouvoir répondre à des changements brusques ou attendus, ou faire face à tout un tas de petits soucis : tomates trop mûres, poulet sans goût, crème qui a tourné. Pour relever ces défis, il faut passer beaucoup de temps aux fourneaux, car à force de cuisiner, on acquiert la technique et la sensibilité nécessaires pour gérer presque tous les problèmes. Et si ce n'est pas le cas, il suffit souvent d'une recherche sur Internet pour se tirer d'affaire.

Mais en dehors de la technique de base, il faut également une agilité interne, une certaine souplesse émotionnelle pour pouvoir répondre aux challenges de la cuisine. Les synonymes du mot *agile* sont aussi attrayants que divertissants : qui ne rêve pas d'être *félin*, *leste* ou *gracieux* ? Être capable d'atteindre des endroits élevés, de se pencher très bas et d'esquiver un chien peut transformer la préparation d'un repas en un ballet (au moins dans mon imagination !). Cependant, le plus important n'est pas l'agilité physique, mais l'agilité du cœur et de l'esprit. En effet, ce n'est pas parce qu'on est moins gracieux et leste que la plupart des gens qu'on ne peut pas préparer un bon repas de cinq services si on nous en donne l'occasion. Mais personne ne peut y arriver (sans devenir fou) sans une certaine souplesse interne, la débrouillardise et la vivacité d'esprit nécessaires pour jongler avec une douzaine de priorités et de choix qui permettront à un moment donné de poser enfin le fameux repas sur la table.

Comment mettre cette agilité interne au service de la cuisine, et plus largement de notre vie ? Il faut d'abord et surtout être généreux et disponible. Quand les difficultés surviennent, au lieu de rester bloqué, d'être perdu et contrarié, il faut les voir comme une opportunité. Que puis-je faire maintenant ? Qu'est-ce que j'ai à disposition ? Qu'est-ce qui est possible ? On transforme ainsi le problème en un moment de créativité, un espace dans lequel on trouve une solution. Et on peut alors, peut-être, pivoter gracieusement vers elle. Ou, si on hésite encore, continuer à réfléchir, à avancer et à faire ce qui doit être fait.

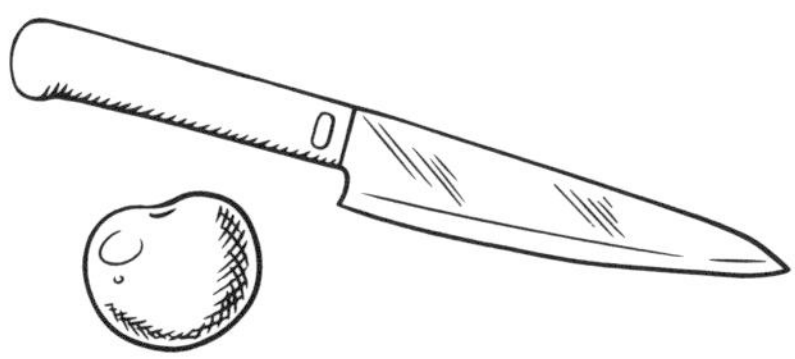

S'ENTRAÎNER

S'entraîner signifie faire une activité encore et encore jusqu'à ce qu'on y excelle. C'est l'une des définitions, ou plutôt, à mon avis, une moitié de la définition. Pour moi, s'entraîner, c'est recommencer encore et encore jusqu'à ce qu'on atteigne son niveau d'excellence, puis c'est continuer à s'exercer pour le dépasser et atteindre un état d'intimité dans lequel l'activité se fond en nous – et dans lequel on se fond en elle. Alors, on continue de la pratiquer pour vivre cette intimité plus intensément et, étant donné que cette intensité est illimitée, on ne s'arrête jamais. De plus, comme cette activité fait maintenant intimement partout de nous, on la pratique sans arrêt.

Reformulons tout ça. D'abord, on commence à apprendre la mécanique puis, au fil du temps, on se fond dans l'activité et on n'arrête jamais d'apprendre, d'approfondir, de devenir. C'est aussi valable pour le violon que pour la fabrication d'une soupe, et toutes les autres activités, complexes ou simples, que l'on fait dans la vie. Quand on remarque, on apprécie, on approfondit nos expériences, toutes nos actions nous aident à nous entraîner. C'est comme cela qu'on vit pleinement, sincèrement sa vie.

Quand on considère sa vie comme une occasion de s'entraîner, on peut se détendre un peu car on sait que ce qui compte, ce n'est pas le résultat final, c'est d'avancer dans une direction. On ne cherche pas à tout prix à dominer son sujet. On envisage cela comme un processus, avec ses échecs et ses succès, ses atermoiements et ses découvertes. D'ailleurs, comme tout bon expert de sa catégorie le sait, il ne faut jamais arrêter de pratiquer, quel que soit le niveau de virtuosité qu'on a atteint.

S'entraîner à cuisiner consiste à s'appliquer et à faire attention à ce qu'on fait. Même si certaines tâches sont excitantes et d'autres banales, il faut leur accorder la même attention. Concrètement, cela veut dire être disponible pour tout ce qui arrive et l'accueillir avec clairvoyance et gentillesse. Cela veut dire cultiver la capacité de remarquer et d'apprécier les événements de la vie, et d'être stable et robuste au milieu des difficultés.

Pas la peine d'exagérer non plus : au final, c'est juste un dîner. C'est sa simplicité qui nous inspire, pas son originalité. Un jour, un vieux maître zen m'a dit : « Si on soulève une feuille de blette dans cet état d'esprit, c'est comme si on soulevait un Bouddha en or de 5 mètres de haut. » De même, un Bouddha en or de 5 mètres de haut n'est pas plus précieux qu'une simple feuille de blette. L'ordinaire et l'extraordinaire se manifestent dans un geste, dans une activité, dans les tâches quotidiennes et simples de la vie.

LA CULPABILITÉ

Je considère, en général, la cuisine comme un endroit de joie, un refuge où je peux créer, expérimenter, m'exprimer et accomplir. Mais je la considère aussi comme un endroit ordinaire où les activités humaines les plus basiques – cuisiner et manger – ont lieu chaque jour. J'adore la synergie ordinaire/extraordinaire de la cuisine et je suis généralement plutôt contente de devoir répondre assez souvent à cette nécessité (lire : tous les jours !).

Alors quand la culpabilité apparaît en cuisine sous quelque forme que ce soit, j'ai appris à faire attention. Pourquoi cette sensation bizarre trouble-t-elle mon bonheur ? Comment puis-je y remédier ?

La cuisine est l'un des endroits où la culpabilité surgit le plus facilement dans une maison. On culpabilise à propos de ce qu'on mange (trop gras, trop sucré, pas assez vert). Ou on culpabilise à propos de tous ces légumes qu'on a dû mettre à la poubelle car ils avaient pourri. Puis, on culpabilise parce qu'on n'a pas de bac de compostage. Du coup, on culpabilise parce qu'on ne fait rien ou pas grand-chose pour sauver la planète.

On culpabilise de ne pas faire suffisamment de plats délicieux et sains pour notre famille. On culpabilise de ne pas acheter des produits bio ou locaux. On culpabilise de ne pas avoir fait la vaisselle, lavé le sol ou dégivré le congélateur. Quel enfer !

En premier lieu, il me semble important de dire que ce n'est pas toujours mauvais de culpabiliser. La culpabilité nous signale simplement que nos idées et nos désirs ne sont pas en adéquation avec la réalité. Et c'est utile de le savoir, car cela nous incite à nous arrêter, à réfléchir et à ajuster le tir. Si on y arrive facilement, simplement, la situation est plus facile à gérer. La culpabilité a une place utile, quoique limitée, dans notre cuisine et notre vie.

Mais la culpabilité sort rarement en solo. Elle est souvent accompagnée par un sentiment de honte, d'inefficacité et de frustration. C'est pourquoi, même s'il est bon de se faire titiller par la culpabilité, il ne faut pas lui ouvrir grand la porte ou (et c'est aussi mauvais) l'ignorer. Si on ne la contrôle pas, la culpabilité s'infiltre en nous et peut miner les plaisirs et les satisfactions simples que nous offre la vie. Si vous sentez la culpabilité poindre le bout de son nez, essayez de l'analyser avant qu'elle prolifère et s'installe en vous. Demandez-vous quels sont vos objectifs et ce qui vous empêche de les attendre. Ne vous persuadez pas que c'est de votre faute. Ce n'est souvent qu'une question de logistique, d'objectifs mal définis ou mal placés. Demandez-vous : « Qu'est-ce qui est faisable ? Qu'est-ce qu'il est possible de faire dans les circonstances actuelles ? » et commencez à partir de là.

La culpabilité est tenace. Pour certains, cela devient même une habitude, une façon naturelle de réagir dont il n'est pas toujours facile de se débarrasser. Et bien sûr, il ne faut surtout pas culpabiliser de culpabiliser ! Il faut avancer doucement, par petits pas. Essayez de prendre deux cuillerées à soupe de cette sublime soupe à la crème, ou quelques bouchées de cette tranche de poitrine fumée croustillante, et savourez l'instant. Quand on profite pleinement d'un plaisir, on s'en satisfait souvent. Si votre souhait le plus cher, c'est de manger des plats sains et végétariens, commencez par comprendre que ça prend du temps et de l'énergie et réfléchissez à ce que vous êtes prêt à supporter. Décidez peut-être de n'en cuisiner qu'une ou deux fois par semaine, ou alors bloquez-vous une heure le dimanche pour préparer vos ingrédients. Un rien peut tout changer.

On ne peut pas éradiquer complètement la culpabilité de nos vies mais on peut l'immobiliser. On peut limiter ses effets négatifs sur nous tout en s'en servant pour se juger, s'évaluer. La cuisine, avec ses innombrables occasions de culpabiliser et d'être frustré, est un excellent endroit pour l'étudier et s'entraîner à vivre avec.

Dîner rapide pour un soir de semaine agitée

(pour une ou plusieurs personnes)

Pas évident, de nos jours, de s'atteler à la tâche éreintante de préparer le dîner après une longue et fatigante journée de travail. Et ceci vaut autant pour quelqu'un qui vit seul que pour quelqu'un qui doit nourrir une famille entière. Donc, oui, l'option pizza surgelée est envisageable de temps en temps, même si la plupart d'entre nous ne veulent pas vivre exclusivement de ça. D'où l'intérêt d'avoir une courte liste de repas express, faciles à préparer, simples, délicieux et sains. Cette recette qui consiste à faire réchauffer des légumes-feuilles avec une poignée de légumes secs, avant de les recouvrir d'un œuf, est l'une de mes préférées car elle est ultrarapide, facile et excellente.

J'ai écrit une grande partie de ce livre, assise dans des cafés qui sont, à ma grande joie, nombreux dans mon quartier. Cette recette s'inspire d'un plat qui est toujours au menu de mon café préféré (le Boot and Shoe Service pour ceux qui connaissent) et qui m'a souvent nourrie et inspirée. Il est simple, copieux et réconfortant. Dans mon café, ils le font cuire dans un four à bois – ce qui est merveilleux mais pas du tout possible chez moi. Heureusement, les fours traditionnels font aussi très bien l'affaire.

Le temps de préparation de ce plat est de 10 minutes et, comme il ne faut rien couper (il n'y a pas d'oignon ou d'ail ou de truc à émincer), c'est vraiment le plat parfait pour un soir de semaine agitée. Il est aussi très adaptable, car il peut se faire avec n'importe quelle sorte de légumes secs ou de légumes frais. Pareil pour les saveurs. N'hésitez pas à ajouter une pincée de votre épice préférée (chez moi, c'est le cumin) ou de faire d'abord revenir des morceaux de saucisse avant de mettre les légumes. Pour la finition, on peut ajouter quelques cuillerées à soupe de persil ou de basilic ciselé mais ce n'est pas obligatoire.

Si vous n'avez pas d'huile pimentée ou n'aimez pas les plats trop épicés, ajoutez quelques gouttes de vinaigre balsamique ou du jus de citron pour donner du peps à tout ça.

Pour deux personnes, multipliez les quantités par deux. En fait, avec une grande poêle, on peut les multiplier par quatre ou six pour pouvoir nourrir une famille entière.

Légumes-feuilles • Huile d'olive • Sel • 1 tasse de pois chiches cuits (ou autres légumes secs) • Huile pimentée • 1 œuf

Dans une petite poêle, faites revenir quelques poignées de feuilles de chou frisé, d'épinard, de blettes ou de toute autre sorte de légume-feuilles dans un filet d'huile. Remuez-les, à feu moyen, jusqu'à ce qu'elles flétrissent et se tassent. Saupoudrez d'une bonne pincée de sel pendant la cuisson.

Ajoutez les légumes secs cuits à l'avance ou en boîte. Oui, les cuits à l'avance auront meilleur goût et une meilleure texture, mais ceux en boîte sont parfaits quand on est débordé. Les deux sont bien. Si vous optez pour une boîte, pensez juste à bien les égoutter. Généralement, j'utilise des pois chiches mais presque tous les haricots peuvent convenir : les rouges, les blancs, les pintos…

Faites cuire, en secouant la poêle et en mélangeant doucement pour ne pas casser les légumes secs jusqu'à ce qu'ils soient bien chauds. Ajoutez un peu d'huile d'olive si la poêle est sèche, ainsi que des restes de légumes cuits si ça vous tente, comme des carottes, des panais, du chou-fleur ou de la courge grillés. Au printemps, pensez à mettre des asperges grillées, c'est absolument divin. Ajoutez quelques gouttes d'huile pimentée et goûtez.

Faites un petit trou au milieu et cassez un œuf dedans. Couvrez la poêle, baissez un peu le feu, et poursuivez la cuisson jusqu'à ce que le blanc soit cuit et le jaune encore coulant – sauf si vous n'aimez pas ça – pour que ça fasse une jolie sauce dans le plat. Retirez le couvercle, rajoutez un dernier filet d'huile d'olive et une pincée de sel croustillant.

Pour servir, glissez délicatement une spatule sous les légumes et l'œuf pour le servir entier dans l'assiette. Pour que le jaune ne casse pas, il faut qu'il soit bien au centre de la spatule. Servez ensuite le reste de légumes en les répartissant autour de l'œuf. (Ou laissez tout dans la poêle et mangez directement dedans.) Servez avec du pain frais pour pouvoir saucer.

LÂCHER PRISE

On sait et on comprend tous qu'on n'est pas censé pleurer quand on renverse du lait. Et pourtant, ça nous arrive, parce que ça fait suer de renverser du lait. Ou parce que c'est la goutte d'eau qui fait déborder un vase rempli à ras bord dans la journée. Ou parce qu'on avait vraiment besoin de lait et que maintenant, on n'en a plus. C'est facile de se dire : « Ne pleure pas, respire un bon coup, ça va aller », mais c'est beaucoup moins facile de le faire, surtout quand on est tellement investi dans ce qu'on fait que c'est trop tard pour bien respirer ou faire une pause bienvenue.

Dans une cuisine, les occasions de s'exercer à lâcher prise ne manquent pas. Il y a l'exemple évident du lait renversé (et des dizaines de milliers d'autres objets qui tombent, basculent, cassent…). Il y a aussi le lait qui déborde en bouillant et laisse une grosse tache de brûlé sur la plaque de cuisson toute propre. Il y a le lait qui a tourné, le lait écrémé alors qu'on a besoin de lait entier, sinon la crème dessert va être complètement loupée. Il y a le lait que quelqu'un a oublié d'acheter ou a terminé sans le signaler ou a laissé traîner trop longtemps dehors.

Que ce soit à cause d'un désastre ou à cause d'une légère déception ou d'un petit désagrément, c'est souvent la débâcle en cuisine. Comment gère-t-on ses sentiments en pleine tourmente ? Comment lâcher prise quand une boule de colère, de frustration

ou de tristesse enfle dans notre gorge ? Doit-on la ravaler ou la recracher avec un flot d'insultes ? Comment réagir de façon utile quand on est en pleine (ré)action ?

Comme dit précédemment, la cuisine est l'endroit parfait pour s'exercer à lâcher prise. J'ai bien dit *s'exercer*, ce qui n'implique pas toujours de *lâcher prise* pour de vrai. En effet, on a beau essayer, parfois on n'y arrive pas, même pas un chouïa. Ou alors on découvre qu'on peut lâcher prise sur certaines choses mais pas toutes.

Pour s'exercer à lâcher prise, il faut analyser la situation avec beaucoup de clairvoyance et de bienveillance avant de réagir. Cela implique de se laisser aller le plus possible – s'autoriser à être triste sans se mettre en colère, par exemple. Parfois, il vaut mieux tout simplement ignorer ce qui se passe. Certes, ce n'est pas toujours facile, mais vous saurez que c'est la bonne solution parce que vous vous sentirez bien.

Pourtant, parfois, on a beau déployer des trésors de clairvoyance et de bonté, on doit réagir. Pour répondre à son mari, un enfant, un ami. Pour nous invectiver nous-même ou même invectiver la bouteille de lait caillé. Alors on crie, on marmonne ou on pince les lèvres mais, dans tous les cas, on ne lâche pas prise car lâcher prise, au moins à cet instant précis, n'est pas la meilleure solution.

Pour faire un pas de plus vers la sagesse, il faut s'exercer à répondre de façon appropriée aux joies et aux douleurs de la vie quotidienne. Il n'y a pas de mode d'emploi pour ça, pas de méthode de A à Z, parce que la vie est imprévisible et en perpétuelle évolution. Certains jours, nous réprimons nos sentiments, d'autres nous les crachons et parfois nous réussissons à trouver cet étroit mais précieux espace où nous pouvons à la fois les contenir et les exprimer.

Alors pourquoi est-ce si facile de lâcher prise dans une cuisine ? D'abord parce que, comme je l'ai déjà dit, les occasions ne manquent pas, même si on fait tout pour les éviter. D'ailleurs, malgré la déception et la frustration qu'ils engendrent, les désastres en cuisine sont généralement limités et gérables : du lait renversé n'est avant tout que du lait renversé.

Mais c'est aussi parce que la cuisine est un endroit magique où le cru devient cuit, l'entier devient miettes, l'insipide devient succulent. C'est un endroit qui inspire, qui montre encore et encore comment le lâcher prise aide à transformer les choses et comment la transformation – la magie ordinaire de la cuisine quotidienne – aide à vivre.

Alors quelle que soit la catastrophe qui m'attend (lait renversé, repas raté, mauvaise rencontre…), j'espère être capable de réagir avec le plus de sagesse et de gentillesse possible. J'espère pouvoir transformer une difficulté en quelque chose de plus vaste, quelque chose qui aide à lâcher prise (même si ce n'est pas évident). J'espère arriver à m'en extirper pour permettre au prochain moment d'arriver librement, facilement, complètement nouveau.

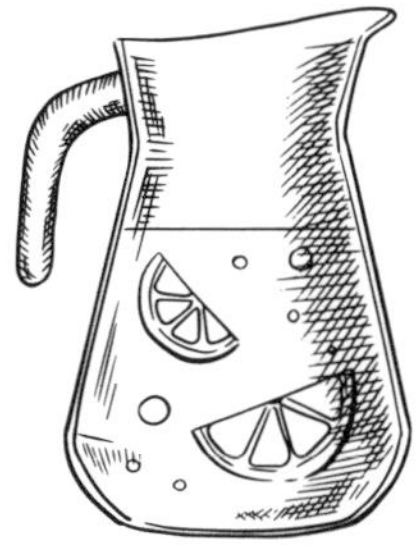

LES 1 000 VISAGES DU DÎNER

Comme nous l'avons vu, on ne peut pas toujours faire des prouesses en cuisine et il ne faut pas culpabiliser pour ça. Alors, comment peut-on faire simplement à manger les soirs où on rentre tard, où on est fatigué et où on n'a aucune idée (ou les trois à la fois) ?

D'abord, souvenez qu'un dîner ne doit pas forcément être élaboré. Une omelette et du pain frais font un rapide et délicieux repas. Si vous ressentez le besoin d'ajouter des légumes, ce n'est pas si compliqué que ça de jeter quelques poignées de chou frisé dans de l'huile d'olive. Quelques gouttes de jus de citron ou d'huile pimentée à la fin pour doper tout ça, et voilà, c'est fait !

Pensez aussi à la soupe, surtout si vous en avez congelé. Ou alors, pour un résultat facile et express, confectionnez une soupe avec de l'eau chaude et de la pâte de miso. Oui, la soupe miso est généralement à base de dashi (un bouillon japonais) et non pas d'eau, mais pour une fois, ça ira comme ça. Ajoutez des petits cubes de tofu ou des restes de légumes eux aussi en cubes (coupez-les pendant que l'eau chauffe). Ou mettez des morceaux de poulet et ajoutez quelques jeunes feuilles d'épinard qui vont cuire rapidement dans le bouillon. On peut bien sûr rajouter des ingrédients plus traditionnels, mais l'essentiel, c'est d'avoir quelque chose à mettre sur la table. Sinon, assemblez ! Regardez ce que vous avez dans le réfrigérateur et vos placards : des œufs durs, une tranche de fromage, des condiments, des restes de saucisse grillée ou de viande rôtie. Des olives. Un pot de moutarde. Des pignons de pin. Des tranches de pomme ou de poire. Ajoutez un gros morceau de pain frais (du pain de mie ou des crackers) et mangez !

Tout ça pour vous dire que le dîner peut avoir mille visages selon le temps, les ingrédients et l'énergie qu'on a. Il n'a pas forcément besoin de ressembler à ceux des blogs et des magazines. Il n'a pas forcément besoin d'être intéressant, excitant, nouveau. Il doit juste être le mieux possible. Et il doit nous régaler.

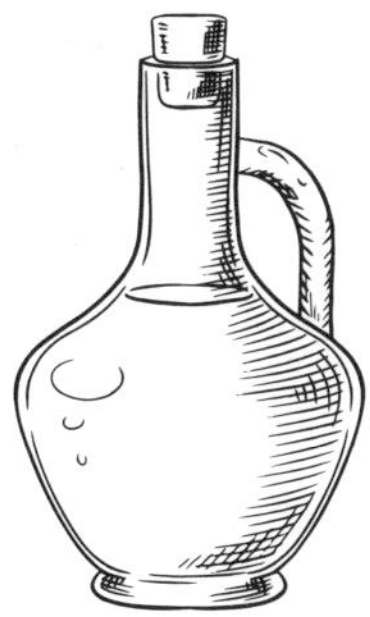

L'intimité avec les autres

Brocart Rouge

Naomi Shihab Nye

Un dicton arabe dit
que quand un étranger apparaît à votre porte,
il faut le nourrir trois jours
avant de lui demander qui il est
et où il va.
Ainsi, il aura la force
de répondre.
Ou alors, on sera
devenus si bons amis,
que ce ne sera plus important.
Revenons à ça.
Riz ? Pignons ?
Tiens, prends cet oreiller en brocart rouge.
Mon enfant va faire boire
ton cheval.
Non, je n'étais pas occupée quand tu es arrivé !
Je n'allais pas non plus être occupée !
C'est l'armure qu'on revêt tous
pour faire semblant d'avoir une utilité
dans le monde.
Je refuse d'appartenir à quelqu'un.
Ton assiette t'attend.
Nous allons mettre une feuille de menthe fraîche
dans ton thé.

La cuisine est un espace public, même quand on vit seul et qu'on ne cuisine que pour soi. On la partage avec un bol de prunes posé sur le comptoir, avec une pile d'assiettes dans le placard, avec la présence et l'influence discrète mais prégnante de ceux pour qui ou avec qui on a cuisiné dans le passé. Et bien sûr, on la partage avec les créatures vivantes qui ont donné leur vie pour nous nourrir : les animaux et les légumes, mais aussi les plantes et les fruits.

On la partage avec notre monde gigantesque et compliqué dont les caprices déterminent ce que nous avons dans nos placards, et donc la qualité de nos repas ou même – dans certains cas - si nous allons manger ou pas. On la partage avec nos pensées et nos préférences, nos habitudes et nos désirs, notre humeur. On la partage avec la journée qu'on vient de passer et ce qu'on ramène avec nous le soir quand nous posons notre sac sur la table et retroussons nos manches.

Mais bien sûr, c'est surtout avec les autres que nous la partageons : nos amis et notre famille, nos collègues et nos connaissances, et même parfois un étranger. Cuisiner à plusieurs, nourrir les autres, être nourri soi-même est l'une des formes d'intimité les plus intenses, les plus anciennes et les plus fortes.

Nous marquons chaque événement important de la vie – une naissance, une mort, un mariage -, chaque transition, chaque période de vacances par une fête. Les plats qu'on y sert et qu'on y mange reflètent et expriment notre culture et un sens d'appartenance aussi important que le bonheur qu'on a d'être ensemble. Ils expriment notre affection, notre amour, notre intérêt. Que ce soit une famille qui s'attable pour le 4 857e dîner ensemble ou un jeune couple qui se retrouve pour la troisième fois, manger ensemble est un rite aussi ancien et aussi fondamental que l'humanité.

PARTAGER LE MONDE

Que c'est difficile de partager le monde ! Pour s'en convaincre, pas la peine d'y réfléchir pendant des heures, il suffit de regarder son fil d'actualité ou d'allumer la télé pour voir se déverser toute la cacophonie, tout le marasme ambiants. Les hommes, enfin la plupart, ont du mal à y arriver. Nous avons échoué à cette noble tâche et, de ce fait, nous avons semé le désordre, causé beaucoup de souffrances dont la plupart ne servent à rien.

Comment pouvons-nous y remédier ? Les hommes sont compliqués et le monde que nous avons construit reflète cette complexité. Il n'y a donc pas une, mais plusieurs réponses. Chacun d'entre nous doit réfléchir à la question en fonction de sa vie et de ses capacités. C'est un dilemme universel qui exige une réponse très personnelle.

Nous devons commencer à ralentir, faire attention, découvrir ce qui est le plus important et insuffler cette vérité dans nos vies. Cette quête ne s'effectue pas dans le tourbillon de nos activités quotidiennes, car on en ressort encore plus distrait et agité. Elle s'effectue au contraire dans le calme qui apparaît quand on s'arrête au milieu de la pagaille et qu'on cherche notre respiration. Cette décélération permet la gratitude, et la gratitude permet l'intimité qui à son tour aide à mieux comprendre qui nous sommes et dans quel monde nous vivons.

Nous ne pouvons pas faire ce travail seul. Nous partageons le monde avec les autres, et notre tâche la plus grande et la plus importante actuellement est d'apprendre à le partager pour le bien-être de tous. De chaque être humain. Comment allons-nous partager le monde ? Que devons-nous comprendre pour y parvenir ? Quelle vérité se cache là-dessous et comment vivre avec ?

La première chose à faire est peut-être simplement d'offrir l'hospitalité, d'inviter des gens à s'asseoir à notre table, à partager un repas, à boire un thé à la menthe. Certains seront des amis, d'autres des étrangers, au moins au début. Certains seront peut-être même des ennemis. Certains auront des avis que l'on partagera, d'autres pas, mais peut-être qu'à la longue, on pourra commencer à défaire les nœuds de la différence et de la peur.

C'est une métaphore, bien sûr. Même si j'adore l'idée de faire s'asseoir des personnes en conflit autour d'une table, je sais bien que cela n'arrive pas car, en général, on se réunit avec des gens qu'on connaît et qu'on aime. Et même si une conversation peut faire bouger les lignes, inspirer, il faut évidemment beaucoup plus qu'un simple dîner pour résoudre les problèmes du monde. Toutefois, l'hospitalité peut être un début de réponse quand on rencontre des difficultés ou quelque chose ou quelqu'un de nouveau ou d'étrange.

Qu'est-ce que l'hospitalité ? C'est simplement accueillir quelque chose avec bonne humeur. Ce quelque chose est souvent quelqu'un ou un groupe de gens mais peut aussi être une idée ou une situation. Elle a, pour points d'ancrage, la convivialité, la générosité et la cordialité. Elle sert à détendre une situation pour créer un sentiment d'apaisement, d'intimité. Quand on se détend ainsi, on a le sentiment d'appartenir à un groupe, l'envie d'être disponible, plus ouvert, plus tolérant.

L'hospitalité, quand on l'offre sincèrement, a le pouvoir de transformer, d'inspirer les autres. Au moins, elle peut aplanir des difficultés, désactiver des tensions et aider à poser les bases d'une communication plus coopérative et plus nuancée. Toutefois, et c'est aussi très important, il ne faut pas oublier que l'hospitalité est omniprésente dans notre vie comme quand on offre un siège ou une boisson à un inconnu ou qu'on s'efforce d'être ouvert ou disponible à une nouvelle idée.

Alors, que vous receviez des amis à un dîner, que vous soyez confronté à quelque chose de nouveau ou d'étrange, ou que vous essayiez de changer tout seul le monde, gardez cette notion d'hospitalité en tête, cela vous sera utile. Même si vous ne pouvez pas l'appliquer, elle sera là, en seconde ligne, toujours aussi forte, pour vous aider à partager le monde avec les autres.

L'hospitalité occupe-t-elle une place importante dans votre vie ? Qu'accueillez-vous à bras ouverts et que repoussez-vous ? Comment allez-vous prendre soin de ce magnifique monde sauvage, désordonné, fou, profondément troublé qui est le nôtre ?

TRAÎNER

L'un des grands plaisirs de la vie est de traîner à table avec des gens qu'on apprécie longtemps après que le dernier plat est servi. On est alors rassasié, détendu, parfois même un peu pompette mais pas nécessairement. La table est alors une sorte d'arche, un refuge. Elle irradie de bonne humeur, de bien-être. Les bougies flamboient dans leur support, la cuisine est en bazar mais personne ne le remarque. C'est l'occasion rêvée de sortir une bonne tablette de chocolat et de la faire passer de convive en convive, de partager le plaisir de prendre un ou deux carreaux et de tendre la tablette à son voisin.

On peut aussi traîner après le petit-déjeuner, le dimanche matin, au lit avec les enfants, sur le canapé avec un bon livre, à la table de la cuisine avec un pot de café frais à portée de main. Pensez-y lors d'un long déjeuner avec un vieil ami, d'un repas en famille le dimanche midi, d'un pique-nique dans le jardin pour observer le soleil courir dans le ciel et les ombres s'allonger. N'hésitez pas non plus à traîner le soir après un banal dîner de semaine. Cela en vaut vraiment la peine.

Essayez de prendre cette habitude. Résistez à l'envie de passer directement à autre chose. Prenez goût aux conversations plus longues, plus sérieuses qui surviennent quand les gens passent du temps ensemble. Faites plaisir à quelqu'un en lui disant : « Je préfère rester là, avec toi qu'aller ailleurs. » Oubliez ce qui vous fait courir ou vous distrait le reste du temps et observez ce qui se passe quand vous choisissez de rester quelque part, un moment. Lambinez. Laissez la conversation dériver. Savourez l'instant présent, cette longue pause en bonne compagnie, avec un délicieux repas ou une petite gâterie.

ÊTRE PRÊT À L'INATTENDU

À une époque, quand je recevais des gens, je planifiais tout à l'avance. Je nettoyais, j'achetais, je cuisinais, je rajoutais des objets décoratifs dans les toilettes et la salle de bains. Tout devait être planifié, raffiné et parfait. Tout devait briller, de la salle à manger à mes doigts de pied. Même s'il m'arrive encore d'organiser des dîners sophistiqués, le plus souvent je reçois plus simplement. De façon plus décontractée. Et on s'amuse beaucoup plus.

Je vis dans un endroit où mes amis peuvent passer comme bon leur semble. Mon appartement se trouve au rez-de-chaussée et a un portail en bois qui ne ferme pas et une simple porte moustiquaire qui me coupe de mes éventuels visiteurs. Il y a de nombreuses places de parking dans ma rue, et je suis tout près de la poste, de la médiathèque et d'autres endroits que fréquentent mes amis en faisant leurs courses. Comme je travaille chez moi, je suis souvent là. Il n'est donc pas rare que j'entende un « coucou » suivi d'un coup à la porte et du froissement d'un sachet provenant d'une boulangerie voisine.

Il y a quelques années, cela m'aurait pétrifiée ! La maison est-elle propre ? La vaisselle est-elle lavée ? Ai-je du lait pour le thé ou de quoi faire un repas ce midi ? Ai-je brossé mes dents ? Mais maintenant, je suis simplement heureuse d'avoir de la compagnie et j'accueille mes amis, à bras ouverts, avec un grand bonjour. Peu importe si mon appartement est en désordre et mon réfrigérateur vide. D'ailleurs, ce n'est pas ce que mes amis attendent de moi. Ils veulent de la compagnie. Tout le reste n'est qu'apparence.

J'ai aussi plus tendance à inviter quelqu'un spontanément. La question la plus importante pour moi est : « Ai-je envie que cette conversation continue ? » et pas « Quand ai-je passé l'aspirateur pour la dernière fois ? » Là encore, ce qui compte, c'est la relation, l'humeur du moment. Bien sûr, je m'active un minimum pour rendre tout cela plus facile. Je fais systématiquement mon lit et je nettoie rapidement (2 minutes !) ma salle de bains le matin. Et puis, en général, j'entretiens suffisamment mon intérieur pour ne pas être embarrassée quand je reçois quelqu'un.

J'essaie d'avoir toujours des olives, des crackers, des choses à grignoter en réserve et dans mon réfrigérateur, et j'ai généralement une bouteille de vin, de la limonade ou quelque chose à boire au frais. Et, les fois où je n'ai rien, je peux toujours proposer une tasse de thé. C'est ainsi qu'un jour, je me suis retrouvée avec une amie que j'avais invitée à venir grignoter un morceau, assise à la table de la cuisine, à étaler du beurre d'amande et de la confiture de prunes maison sur des crackers. Amusant et délicieux !

Au besoin, je sers quelques carrés de bon chocolat sur une belle serviette ou un verre d'eau agrémenté d'une tranche de concombre et d'une feuille de menthe. Hier, comme il ne me restait plus qu'une pêche, je l'ai coupée en deux, remplie de yaourt et décorée de miel. Sinon, j'aurais pu aussi la servir, tout simplement, sur un joli plat sur pied comme on le fait dans certains restaurants branchés.

La leçon la plus importante que j'ai apprise, c'est de renoncer à l'idée de vouloir tout contrôler, de vouloir que tout soit net et parfait. Pour être prêt à tout, il faut vouloir être disponible pour tout, quelles que soient les circonstances. C'est ça, le secret : savoir ce qui est le plus important (l'intimité, l'amitié, être connecté aux autres) et se laisser guider, par exemple en ouvrant la porte quand quelqu'un frappe ou en invitant sa bande d'amis à un apéro dînatoire improvisé. La règle est simple : ne laissez jamais, jamais, jamais des moutons de poussière se mettre en travers d'une bonne conversation.

LES MOMENTS DIFFICILES

On est parfois démunis face aux horreurs qui se passent dans le monde. On sent un flot d'énergie monter en nous, on veut agir mais souvent, ce n'est pas possible, du moins immédiatement. On ne veut pas rester là, les bras ballants, et pourtant on n'a pas le choix.

Voici ce que je fais dans les moments difficiles, quand je suis triste, perturbée, bouleversée. C'est tout simple : je vais dans la cuisine préparer quelque chose et je l'offre à quelqu'un. Ça n'a pas besoin d'être très compliqué : je rassemble les ingrédients que je trouve et je fais une soupe, une fournée de cookies ou du pain. Puis, je le donne à la première personne à qui je pense, généralement quelqu'un de mon entourage : un voisin, un collègue ou parfois même le facteur.

J'essaie de rester simple. Le but n'est pas d'oublier les mauvaises nouvelles, de régler un problème ou d'avoir l'air heureux, mais d'injecter un peu de positif dans le chaos. De compenser, d'alléger un peu le négatif. De réussir à trouver un moyen de mieux gérer les difficultés de la vie. Personnellement, j'aime agir à petite échelle : d'un être humain, vivant et chaleureux, qui tend une boîte de biscuits maison ou un pot de soupe chaude à un être humain, vivant et chaleureux, qui l'accepte. Très simple, très direct, immédiat. Pas la peine de fonder une association caritative. Pas la peine de faire des tableaux comparatifs ou de créer un site Internet. Être chaleureux et recevoir en retour un peu de chaleur. C'est suffisant.

J'aime considérer cela comme une posture de yoga qui ancre une moitié du corps dans le calme et qui, à partir de cette base, plie, penche, étire, tend l'autre moitié du corps pour trouver un nouvel équilibre. Statique et dynamique. Bien et mal. Douleur et plaisir. Trouver l'équilibre qui nous tient en place puis, à partir de cet équilibre, nous tourner vers le monde et donner.

L'aspect créatif de la cuisine qui aide à démêler et à défaire les nœuds qui étranglent et le lien qu'on crée en donnant à quelqu'un le fruit de son travail forment, pour moi, une puissante combinaison. Quand la situation est telle qu'on ne peut pas y remédier directement, on peut quand même agir même si, comme je l'ai déjà dit, cela ne réglera pas le problème. En revanche, cela aidera à se sentir plus fort et à œuvrer pour le bien.

Alors que le monde n'en finit pas de souffrir, j'espère trouver des façons utiles et saines de gérer cette souffrance, de favoriser les liens sociaux et familiaux qui donnent de la force. Je vous souhaite d'avoir les ressources et le courage de rester immobile au milieu de la tempête et, à partir de cette immobilité, de tendre la main vers les gens et vers l'amour. C'est la seule solution.

Salsa verde

Pour être sûr de toujours bien manger et être prêt à l'inattendu, il faut avoir des sauces dans sa cuisine. Des sauces qui se marient bien aux pâtes, bien sûr, mais aussi des sauces qui accompagnent divinement la viande ou le poisson rôti et qui peuvent relever toutes sortes de légumes cuits à la poêle, au four ou à la vapeur. Lorsqu'on a quelques bonnes sauces à son répertoire, on est certain de faire un délicieux repas en un instant et on peut recevoir un ami à l'improviste ou surprendre sa famille avec un plat délicieux en plein milieu d'une semaine ordinaire.

L'une de mes sauces préférées est la salsa verde dont on trouve des centaines de versions qui se classent en deux catégories : les européennes avec du persil, des câpres et des anchois et les mexicaines avec de la coriandre et des tomatillos (physalis verts). Elles sont toutes excellentes, mais ma préférée, depuis peu, contient du persil, de la ciboulette et de l'estragon. Bien que j'aie mis les anchois en option, je vous supplie d'essayer au moins une fois, même si vous n'aimez pas ça, car ils donnent une vraie profondeur et une vraie dimension. Et puis, bien sûr, n'hésitez pas à inventer votre propre version !

1/2 tasse de persil plat ciselé • 1/4 de tasse de ciboulette ciselée • 2 cuillerées à soupe d'estragon ciselé • 1 petite échalote émincée • 1 cuillerée à soupe de câpres égouttées et hachées • 1 ou 2 filets d'anchois (facultatif) • 1 petite gousse d'ail finement hachée ou râpée • Le zeste d'un citron finement haché ou râpé • Une bonne pincée de sel • Quelques tours de moulin à poivre • 1/2 tasse d'huile d'olive (ou plus, si nécessaire)

Combinez tous les ingrédients dans un bol de taille moyenne et mélangez. Goûtez et rajoutez du sel, si nécessaire. Si cela vous paraît sec, mettez un peu plus d'huile. Laissez reposer pour que les saveurs se mêlent. Pour plus de piquant, rajoutez un peu de jus de citron au moment de servir. Cela va foncer légèrement la belle couleur de la sauce mais vivifier sa saveur.

On peut faire cette sauce avec un robot ménager. Avec la fonction Pulse, commencez par l'ail, l'échalote et (car en fait, ce n'est pas vraiment une option) les anchois jusqu'à ce qu'ils soient bien broyés. Puis ajoutez les herbes (grossièrement hachées car le robot va terminer le travail), le zeste de citron, le sel et le poivre et remettez le robot en route, toujours sur Pulse, jusqu'à ce que tout soit bien haché. Ajoutez l'huile d'olive, « pulsez » encore et rectifiez l'assaisonnement.

DONNER, RECEVOIR ET ÊTRE RECONNAISSANT

Cuisiner pour quelqu'un, c'est lui faire tout un tas de cadeaux : on lui offre du temps, des efforts, un certain savoir-faire. On lui offre de quoi se sentir bien et être en bonne santé. On lui offre de quoi l'alimenter, lui faire plaisir, et une place à notre table. On lui offre aussi notre vulnérabilité : « Assieds-toi, mange ce que j'ai préparé pour toi. Tu aimes ? C'est suffisant ? Ça te plaît ? »

À l'inverse, quand on reçoit ces cadeaux, on fait don à notre hôte de notre présence et de notre reconnaissance, de nos félicitations et de notre plaisir. À première vue, on peut se dire que l'invité reçoit plus que l'hôte, alors qu'en fait aucun de ces rôles (le donneur, le receveur mais aussi le cadeau) n'est fixe. Au contraire, ils sont tous les trois dynamiques et interagissent dans un perpétuel mouvement de balancier.

Il est quasiment impossible de séparer l'acte de donner de celui de recevoir, car le simple fait de recevoir avec un plaisir sincère est un cadeau pour l'autre. Et quand on est à la place de celui qui offre, on reçoit cette réaction avec – espérons-le –plaisir et reconnaissance, même si, bien sûr, ce n'est pas toujours le cas. Et le plaisir de donner se retrouve dans le cadeau lui-même.

On ne peut donc pas scinder l'acte de recevoir et celui de donner en deux activités ou rôles différents. Ou de penser qu'on est passif quand on reçoit, quand on accepte un cadeau, et qu'on est actif quand on le donne. C'est trop enchevêtré et trop complexe pour qu'on puisse le schématiser ainsi. Pour bien recevoir un cadeau, il faut être ouvert, le recevoir avec grâce et reconnaissance, ce qui est tout sauf de la passivité. Et si le fait d'offrir un cadeau peut sembler plus dynamique (pensez aux mots associés au verbe donner : octroyer, fournir, permettre), cela expose aussi au rejet. Quand on fait un cadeau, on court le risque qu'il soit rejeté : on peut s'être trompé et offrir quelque chose d'inapproprié ou qui ne plaît pas.

Et au milieu de tout cela, il y a la reconnaissance – la capacité d'avoir conscience de cette dynamique, de voir son pouvoir constant sur nos vies et de sentir la joie qui l'accompagne. Celui qui donne et celui qui reçoit expriment leur gratitude, et cette gratitude est un endroit où il fait bon vivre. Remercier, apprécier à sa juste valeur ce qu'on nous offre, c'est laisser le cadeau et le fait de le recevoir nous rendre humble et vivant.

Quand on pense à la notion de donner, de recevoir et d'être reconnaissant, il faut faire attention de ne pas tomber dans le vieux piège du quiproquo : se sentir redevable. Il ne faut pas noter systématiquement au tour de qui c'est et faire des cadeaux uniquement pour renvoyer l'ascenseur. Il faut au contraire laisser l'acte de donner et de recevoir être une force, une énergie qui dirigent notre vie et il faut en avoir conscience. C'est la conséquence naturelle de l'attention, car avec l'attention viennent les louanges. Quand on s'ouvre un peu et qu'on reçoit des compliments, on ne peut pas s'empêcher de donner quelque chose en retour pour que ça continue. Quand on reçoit de la joie, on redonne automatiquement de la joie. C'est une bonne équation, un joli pas de danse qu'il faut pouvoir exécuter constamment. Cela vaut la peine d'essayer, d'expérimenter. Commencez par la reconnaissance et observez ce qui se passe.

LES CADEAUX SURPRISES DE LA CUISINE

L'une des plus belles sortes de cadeaux à recevoir (et à offrir !) est le cadeau surprise : celui offert en dehors du cadre des obligations et des attentes habituelles, ou des fêtes de toutes sortes, et qui montre une envie spontanée de faire plaisir, d'être généreux et de prouver son attachement à quelqu'un. Inutile de faire compliqué. En fait, plus c'est simple et humble, mieux c'est, car dans ces moments, c'est plus le fait de donner que le cadeau lui-même qui procure du plaisir et de l'intimité.

La cuisine regorge d'objets et d'ingrédients avec lesquels on peut s'exercer à faire des cadeaux spontanés sans se compliquer la vie. Il faut d'ailleurs absolument renoncer à être parfait : pas la peine que le cadeau soit original, enrubanné ou impeccable. Certains des cadeaux que je préfère m'ont été donnés sans papier, nœuds-nœuds ni paillettes, avec juste une empreinte de pouce poisseux et un morceau de scotch en guise d'étiquette. Ou avec un aspect agréablement étrange, un parfum unique ou une personnalité très forte : le chutney aux abricots d'un tel ou d'un tel ou les pots de compote maison de mon père, entassés dans ma panière à linge sale, quand je lui rendais visite durant mes années universitaires.

Ceci dit, je dois avouer que je lave, que je garde et que je stocke des jolis pots et des jolies bouteilles sous l'évier de ma cuisine pour faire de jolis cadeaux. J'ai aussi une boîte d'étiquettes autocollantes et un feutre noir pour marquer le contenu et la date sur mes pots – ce qui est d'ailleurs important.

Que donner ? Le plus évident, c'est un dessert : une assiette de cookies ou de cannelés, une tranche de tarte (ou la tarte entière !), une boule de pain, bref tous les grands classiques du fournil. Autre cadeau qui fait toujours plaisir : un pot de confitures maison, bien que ce soit devenu tellement banal qu'on finit par en avoir trop ! Sinon, pensez aussi à :

- Un bocal de soupe ou de bouillon maison ;
- Des citrons confits (en expliquant comment les utiliser) ;
- Une boîte de vraie sauce tomate à congeler ;
- Un pot de crème au citron ;
- Des fruits de votre jardin quand c'est la saison ;
- Des boissons originales comme du vin d'orange ou de la bière artisanale ;
- Un sachet d'une nouvelle épice que vous venez de découvrir ;
- Un bouquet d'herbes aromatiques de votre jardin ou des légumes de votre mini-potager (tant que ce n'est pas pour vous débarrasser de ce que vous ne voulez pas – comme des courgettes de 50 centimètres de long !).

Quand donner ? Quand on en a envie ! Et si vous n'êtes pas un as de la spontanéité ou des cadeaux, exercez-vous jusqu'à ce que ça devienne une habitude. Pour vous aider, dégagez une étagère ou le coin d'une étagère pour y stocker d'éventuels cadeaux, sans pour autant vous sentir forcé ou obligé d'en fabriquer. L'important, c'est de découvrir, d'encourager votre aptitude à donner et à recevoir, au degré qui vous convient le mieux.

Alors la prochaine fois que vous ferez du pain, prévoyez une boule supplémentaire pour votre voisin. Quand vous la sortirez du four, enveloppez-la dans un torchon propre, enfilez un pull-over et allez chez lui, la boule encore chaude blottie contre vous, la croûte toute croustillante dans l'air frais. Cela n'aura beau être qu'un simple petit pain, ce sera aussi un trésor, un régal inattendu à partager et à savourer.

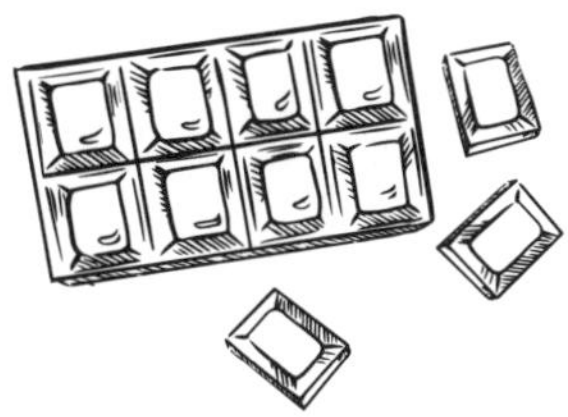

AMOUR ET TEMPS QUI PASSE

Je veux aimer des choses que personne n'a pensé à aimer, jusqu'à ce qu'elles en vaillent la peine et soient réelles.

Rainer Maria Rilke

Prenez ces navets posés sur la planche à découper, leur abondante chevelure verte qui soulève autant de questions que leur ventre blanc et rondouillard. Comment les cuisiner ? Crus ou cuits ? Entiers ou coupés ? Simplement rôtis ou cuits d'une façon plus élaborée ? Glacés ? Avec ou sans leurs feuilles ? À la vapeur ? Confits ? En accompagnement ou séparément ?

Il y a autant de possibilités de cuisiner un aliment cru qu'on peut en inventer. Avec les ingrédients crus, on prend toutes les décisions de A à Z. C'est à la fois excitant et intimidant, selon notre niveau d'expertise, notre confiance en nous et notre goût du challenge. On est seul maître à bord. On est responsable à 100 pour cent en cas d'échec et de réussite.

La première problématique avec les ingrédients crus, c'est le temps. Contrairement à une boîte de thon qui peut rester dans un placard pendant des mois (des années), un épi de maïs doit être géré au plus vite pour ne pas finir à la poubelle. On est obligé de tenir compte du temps et celui-ci est très court. De même, on ne peut pas ignorer la large amplitude des saisons et des variations météorologiques. Ou le temps qu'il faut pour transformer un aliment cru en quelque chose de plus complexe et de plus désirable – ou pas, bien sûr. L'une des solutions consiste à en faire le moins possible… ou à ne rien faire du tout.

L'immédiateté et le stress de cette course contre la montre créent une intimité qui, au moins pour moi, est plus que plaisante : elle est nécessaire car elle fait aimer les choses comme personne n'a pensé à les aimer. Elle nous incite à les regarder de plus près, plus longtemps, et à découvrir ce qui se cache à l'intérieur. On peut bien sûr survivre en gardant nos distances, à grands coups de boîtes et de plats préparés, mais on ne fera que cela : survivre. Il vaut mieux, beaucoup mieux, courir le risque de traiter un produit aussi étroitement lié au temps qui passe, aussi périssable et aussi polyvalent que nous.

Bien sûr, certains soirs, on est si fatigué qu'on a à peine l'énergie de prendre un ouvre-boîte. Dans ces moments, on est prêt à manger n'importe quoi pour se remplir le ventre. Mais heureusement, c'est plutôt rare. Et heureusement, on peut apprendre à trouver un équilibre qui nous montre ce qu'il faut aimer et apprécier, et comment l'aimer plus que tout. Quand on s'implique et qu'on apprécie quelque chose – par exemple, une botte de navets – on est, au moins à cet instant précis, digne d'elle et réel.

Mini-navets sautés avec leurs feuilles

Les navets « Tokyo » sont de jolis navets blancs et tendres qui ont souvent la taille d'une balle de golf et sont vendus avec leurs feuilles. Si vous n'en trouvez pas, prenez des navets ordinaires (un ou deux de taille moyenne) et quelques feuilles de chou frisé pour faire la verdure. C'est un plat simple qui se prépare vite. Il peut servir d'accompagnement mais aussi d'entrée si on le présente élégamment dans des assiettes. Si vous êtes végétalien, utilisez de l'huile d'olive à la place du beurre.

Le mélange tahini et citron est magique. C'est ce qui rend le houmous si délicieux, et cela fonctionne merveilleusement bien avec le mélange amer/sucré des navets. Le tahini a tendance à se figer quand on ajoute le jus de citron, mais il suffit d'ajouter un peu d'eau pour qu'il redevienne pâteux.

Le piment Maras vient de Turquie. Il a une splendide couleur rouge brique et un arrière-goût terreux presque doux. On en trouve dans les boutiques à épices bien approvisionnées, dans les magasins exotiques et sur Internet. Cela vaut la peine d'en chercher, mais si vous n'en trouvez pas, remplacez-le par une pincée de votre piment fort préféré (ou n'en mettez pas).

(pour 4 personnes) •
2 bottes de petits navets « Tokyo » avec leurs feuilles •
1 cuillerée à soupe de jus de citron fraîchement pressé •
2 cuillerées à soupe de tahini (en vente dans les magasins bio ou exotiques) • 2 cuillerées à soupe de beurre • 1 grosse pincée de sel •
1 petite gousse d'ail, finement émincée ou râpée •
1 cuillerée à café de graines de sésame noir en décoration •
1 pincée de piment Maras en décoration

À l'aide d'un couteau bien aiguisé, détachez les feuilles des navets en laissant environ 3 millimètres de tiges sur les bulbes. Coupez la majeure partie des tiges et jetez-les. Lavez séparément les navets et leurs feuilles dans beaucoup d'eau froide, puis égouttez. Recommencez si les navets sont très sales ou terreux. Coupez les navets en deux ou en quatre s'ils sont gros.

Mélangez le jus de citron et le tahini dans un petit bol. S'il durcit, ne vous inquiétez pas. Mettez de côté.

Faites fondre le beurre dans une poêle de taille moyenne sur feu moyen. Ajoutez les navets, la face coupée vers le bas, si possible en une seule couche, avec une bonne dose d'eau et de sel. Couvrez et laissez mijoter jusqu'à ce que les navets commencent à dorer et que l'eau soit presque évaporée. Retirez le couvercle, augmentez le feu et secouez la poêle pour faire dorer les navets sur les côtés.

Ajoutez maintenant les feuilles et l'ail. Dans l'idéal, il faudrait que les feuilles soient encore légèrement humides pour faire de la vapeur et mieux cuire. Sinon, rajoutez un peu d'eau. Continuez à agiter la poêle au-dessus du feu ou mélangez avec des pinces jusqu'à ce que les feuilles flétrissent et ramollissent. Retirez du feu.

À l'aide des pinces, récupérez les navets (en laissant les feuilles dans la poêle) et mettez-les dans un bol. Couvrez-les pour qu'ils

restent chauds. Remettez la poêle sur le feu et ajoutez le mélange tahini/citron. Remuez pour bien le répartir sur les feuilles, en ajoutant un peu d'eau si nécessaire pour que ce soit crémeux. Goûtez pour vérifier si c'est suffisamment salé.

Au moment de servir, disposez les feuilles en cercle dans un plat creux pour faire une sorte de nid. Renversez les navets dedans, en les empilant au milieu. Saupoudrez de graines de sésame et de piment et servez immédiatement.

JAMAIS PAREIL

Tous les cuisiniers sont confrontés à la vérité simple et pure de la vie : tout change, continuellement, au quotidien.

L'avocat qui mûrit sur le plan de travail, le fromage qui vieillit au réfrigérateur, les oignons qui cuisent en crépitant dans la graisse au fond de la poêle. Le chou qui devient choucroute, la farine combinée à la levure et au sel qui se transforme en pain. Partout et à chaque instant, nous œuvrons avec le changement. Toute la journée, nous contrôlons, encourageons (ou freinons) et sommes touchés par le phénomène de la transformation.

Nous travaillons aussi en fonction des saisons. Le chou frisé est meilleur quand il fait froid, les pêches sont plus sucrées et plus savoureuses l'été, quand il fait chaud et qu'il ne pleut pas. J'ai grandi dans le Wisconsin et je me souviens que, dans mon enfance, le lait avait un goût différent l'hiver quand les vaches ne mangeaient plus d'herbe fraîche mais du fourrage. Et bien sûr, nos envies aussi changent : en été, nous préférons des plats simples et frais alors qu'en hiver, nous avons besoin de plats plus riches et plus lourds.

On oublie souvent que le changement affecte aussi les gens. Par facilité, par sécurité, on a tendance à leur coller des étiquettes en fonction de ce qu'on pense ou de ce qu'on voit d'eux et on ne les autorise pas à être différents. Unetelle est instable et ne fera jamais rien de sa vie. M. Businessmann là-bas n'a pas de cœur et n'est pas digne de confiance. Que ce soit par manque de temps ou par paresse, il ne nous vient pas à l'esprit que les gens sont complexes et multidimensionnels, en perpétuelle évolution.

C'est plus compliqué et plus risqué de voir les autres avec un regard neuf à chaque fois. Comme, par nature, nous avons un besoin naturel de continuité, de sécurité, nous préférons les maintenir dans un cadre qui correspond à l'image que nous avons d'eux, même si elle est incomplète ou fausse. Cela nous limite, cela les limite et cela limite notre relation avec eux et ce qui peut en ressortir. Il faut donc être curieux, surtout avec les gens que nous pensons connaître et comprendre. Essayez. Essayez de voir quelqu'un que vous connaissez comme si c'était la première fois que vous le voyiez. N'ayez pas d'idées préconçues. Cherchez les signes qui montrent qu'il peut y avoir autre chose que ce que vous pensez, qu'il y a un autre côté, une autre couche derrière la limite qu'on s'est fixée.

J'ai un ami qui a la réputation d'être difficile. Il est maussade, facilement irritable et est toujours négatif. Mais, pour une raison ou une autre, cela ne me dérange pas. Je vois aussi qu'il est généreux et loyal, qu'il a de l'esprit et un humour qui me fait souvent rire. Quand je suis avec lui, je le traite comme quelqu'un de loyal et de drôle, ce qui l'aide, je crois, à être plus comme ça. Le reste est toujours là, c'est vrai, mais mon attitude fait ressortir son côté positif.

Rien ne garantit qu'un vieux ronchon va s'adoucir du jour au lendemain. Mais cela vaut la peine de chercher, de fouiner un peu pour voir si quelque chose de beau et d'éclatant se cache dans ce fouillis peu accessible et désordonné. Personnellement, je détesterais rencontrer quelqu'un à l'un de mes pires moments et que cette personne reste sur cette impression. Pas vous ?

Revenons dans la cuisine, car on doit également procéder ainsi avec les ingrédients. On s'attend à ce que les feuilles de pissenlit soient amères, mais à quel point ? Seront-elles aussi amères que les dernières ? Combien de miel va-t-il falloir ajouter cette fois ? D'abord goûter et puis agir en conséquence. Certains jours, il suffira d'une ou deux gouttes. D'autres, il en faudra une quantité plus importante.

À force de travailler dans ma cuisine, j'ai appris à m'adapter à la nature changeante des choses. J'ai appris à m'y soumettre, à l'accepter mais aussi à l'encourager et à l'exploiter au mieux. Il faut beaucoup de sagesse pour savoir quoi utiliser à quel moment et, franchement, c'est au-delà de mes capacités. Mais je persiste. Je continue à tout aborder (chaque ingrédient, chaque personne, chaque moment, chaque situation) comme si c'était nouveau pour moi, pour que mon besoin de sécurité soit contrebalancé par mon envie d'être surprise, charmée. Puis-je voir, apprécier et accepter ce qui vient à moi, tel qu'il est ? Et voir, apprécier et accepter ses changements ?

C'est tout sauf évident !

SEUL, AUSSI

Dans ma vie, j'ai eu deux sortes de cuisine. La première est animée, sociale, avec les amis et la famille qui se rassemblent pour cuisiner, parler, danser et plus généralement se réjouir d'être ensemble. Ce genre d'endroit est vivant, avec des gens qui se rentrent dedans, renversent des verres et font du bazar. J'adore cette façon à la fois libre et sauvage d'être dans une cuisine, et le beau sentiment d'appartenance que cela crée.

Mais j'aime aussi les cuisines silencieuses où je suis seule, en tête à tête avec un tas de légumes et un couteau aiguisé. Les bruits et les odeurs de la cuisine remplissent la pièce, et mon esprit peut se concentrer à 100 pour cent sur la tâche en cours. Concentration maximale. Immersion maximale. Pour les Bouddhistes, le nirvana, c'est faire quelque chose complètement, voir quelque chose entièrement, du début à la fin. Si c'est vrai, cuisiner offre de multiples occasions d'atteindre le nirvana.

Parfois, je reste silencieuse, bercée par le bruit du couteau sur la planche ou de l'huile d'olive qui frémit avec, en arrière-plan, le ronronnement du réfrigérateur. À d'autres instants, bien sûr, je mets de la musique pour m'inspirer et m'encourager, ou j'écoute un livre audio pour me tenir compagnie. Mais honnêtement, souvent ça me dérange et j'éteins tout pour être de nouveau dans le silence.

Comme on a rarement l'occasion d'être seul dans ce monde hyperconnecté, ce n'est pas toujours facile de s'accorder des pauses silencieuses et solitaires dans la cuisine. Mais je vous conjure d'essayer de temps en temps. Chassez vos colocataires ou votre famille de la pièce, exhumez une recette appétissante et légèrement compliquée et ne faites rien d'autre que cuisiner. Que se passe-t-il quand rien ne vient troubler ce que vous vivez, hormis le travail en cours ? Qu'est-ce que ça fait d'être seul avec ses pensées ? Est-ce réparateur ou effrayant ? Ennuyeux ou fascinant ? À quoi ressemble le nirvana dans une cuisine ?

ZÉRO AMBITION

Importante piqûre de rappel : rien ne nous oblige à toujours faire des plats fabuleux ou parfaits. Rien ne nous oblige à exhiber le dernier ingrédient à la mode ou le plus cher du moment. Parfois, pour le dîner, on peut se contenter d'un simple plat de spaghettis avec une bonne sauce tomate et une jolie salade verte. Et c'est parfait. Parfait pour ce jour-là et parfait pour notre entourage aussi.

On peut évidemment laisser le champ libre à notre ego dans la cuisine qui deviendra alors un lieu d'effort, d'endurance et de bataille comme si le dîner était un événement sportif où il faut gagner à tout prix. Même si la performance est valorisé dans notre culture, elle peut parfois cacher des trésors plus subtils comme l'attachement, l'intimité et la camaraderie. En essayant de se surpasser, on oublie parfois les offrandes plus humbles de la vie – humbles mais incroyablement délicieuses et gratifiantes – qui sont là, sous nos yeux.

Alors, si vous voulez être un bon cuisinier, un bon ami et un bon hôte, apprenez à faire la meilleure sauce bolognaise possible. Ou le meilleur croque-monsieur. Ou la meilleure salade verte. Choisissez des plats simples, honnêtes, sans chichis, nourrissants et bons. Le but n'est pas d'impressionner mais de mettre les gens à l'aise, de leur servir quelque chose de délicieux et de leur montrer que ce qui compte le plus pour vous, c'est de les avoir à table, avec vous. Tout le reste est facultatif.

Sauce bolognaise

Cette généreuse sauce à la viande et aux tomates dont la recette varie d'un cuisinier à l'autre est un grand classique italien. Voici ma préférée. Pensez à couper les carottes finement pour qu'elles cuisent vite et se désagrègent presque complètement dans la sauce. J'aime utiliser du lait entier, mais le demi-écrémé fait aussi très bien l'affaire.

Cette sauce contient de la poitrine fumée, ce qui est un brin inhabituel. La pancetta convient aussi très bien, évidemment, mais l'intérêt de la poitrine fumée, c'est son petit goût fumé justement.

Au moment de servir, faites cuire les pâtes (je préfère les longues qui tiennent bien au ventre comme les fettucini ou les bucatini, des sortes de spaghettis avec un trou au milieu) et gardez une tasse d'eau de cuisson avant de les égoutter. Transférez immédiatement les pâtes cuites dans la casserole contenant la sauce et remuez, en versant un peu d'eau de cuisson pour diluer la sauce si nécessaire.

Pour environ 500 g de pâtes, soit 4 à 6 personnes
• 2 tranches de poitrine fumée très fines • 250 g de petits champignons de Paris, nettoyés et grossièrement coupés • Huile d'olive si nécessaire • 1 oignon émincé • 1 grosse carotte finement émincée • 350 g de viande de bœuf hachée • 115 g de viande de porc hachée • 2 gousses d'ail hachées • 1 grosse boîte de tomates entières • 3/4 de tasse de lait entier • 1 cuillerée à café de thym séché • Sel et poivre • Parmesan

Placez une grande poêle sur feu moyen, ajoutez la poitrine fumée et faites cuire jusqu'à ce qu'elle soit croustillante. Retirez-la de la poêle et mettez-la de côté.

Mettez les champignons dans la graisse de la poitrine fumée, quitte à rajouter un peu d'huile si la poêle est trop sèche. Faites cuire les champignons jusqu'à ce qu'ils commencent à dorer en remuant de temps en temps durant 3 à 5 minutes. Ajoutez l'oignon et la carotte et poursuivez la cuisson jusqu'à ce que l'oignon soit translucide, en baissant si besoin le feu. Ajoutez les deux viandes hachées et faites cuire, en remuant, jusqu'à ce qu'elles commencent à brunir.

Émiettez le bacon et incorporez-le dans la viande avec l'ail. Ajoutez les tomates avec leur jus en les cassant avec une cuiller. Poursuivez la cuisson quelques minutes puis ajoutez le lait, le thym, une grosse pincée de sel et plusieurs tours de moulin à poivre. Laissez mijoter 30 minutes ou jusqu'à ce que la sauce soit épaisse.

Servez sur les pâtes de votre choix, avec un peu de parmesan fraîchement râpé dessus.

On peut facilement doubler les quantités de cette sauce – à condition de troquer la poêle contre une cocotte – et la conserver six mois au congélateur.

LA MEILLEURE FAÇON D'APPRENDRE À CUISINER

À notre époque, on apprend souvent à cuisiner – à préparer une recette, à maîtriser une technique – *via* des vidéos sur Internet ou des émissions de télévision. Cet accès direct à l'information est vraiment miraculeux et j'y ai souvent recours. Donc, loin de moi l'idée de critiquer cette vaste bibliothèque virtuelle en perpétuelle mutation quand je dis que la meilleure façon d'apprendre à cuisiner est de le faire avec quelqu'un, quelqu'un de vivant, juste à côté de soi.

D'accord, mais pourquoi ? Tout simplement parce que cuisiner consiste, à la base, à répondre aux causes et aux spécificités de l'instant présent. Contrairement à une recette, une vidéo, une émission qui servent de cadre général, une vraie personne peut aider à mieux enchaîner des gestes difficiles, prendre des décisions et comprendre ce qui se passe. En pleine fabrication d'une sauce bolognaise, elle peut nous dire à quel moment il vaut mieux mettre l'ail et pourquoi. Elle peut nous expliquer pourquoi il faut remuer la sauce maintenant et à quel moment rajouter un peu d'eau. Elle peut nous souvenir de sentir et de goûter le plat et nous demander s'il vaut mieux mettre du basilic frais ou sec à cet instant précis. Quand on apprend à cuisiner avec quelqu'un, cela devient une conversation, pas une suite de consignes.

Cet ami, ce parent ou voisin peut aussi vous lancer des défis que vous ne vous lanceriez pas vous-même, vous encourager à passer au stade supérieur ou à prendre une direction à laquelle vous n'auriez pas pensé seul. Le poète et essayiste Wendell Berry dit que : « On n'apprend pas de nous-même à être meilleur. » Inviter quelqu'un d'autre dans sa cuisine oblige à être docile, à vouloir continuer à apprendre, à avoir la sagesse de se dire qu'on n'a jamais fini de se former. Cela montre qu'on croit aux opportunités et à la liberté que cette personne nous donne.

Bien sûr, on ne peut pas toujours apprendre de quelqu'un (voir page suivante), mais si l'occasion se présente, n'hésitez pas. Demandez à votre ami qui fait un somptueux gâteau au chocolat de bien vouloir vous expliquer sa recette, inscrivez-vous à un vrai cours de cuisine, proposez votre aide dans un endroit où on fait de la vraie cuisine. Passez du temps avec votre grand-mère et apprenez ses secrets avant qu'il ne soit trop tard. Apprenez avec quelqu'un de réel, qui respire, pense et vous répond.

Cette transmission directe, de la main à la main, est plus importante qu'apprendre des techniques et s'améliorer. C'est une histoire d'intimité, de leçons transmises d'un être humain à un autre. Dix millions de mots peuvent être dits d'un seul regard. Dix millions d'instants de vie peuvent être partagés d'un seul geste, d'un seul mot. Ne loupez pas cette chance de connaître quelqu'un de cette façon, de communier avec lui ainsi. Votre façon de cuisiner, pour ne pas dire votre vie, ne pourra qu'en bénéficier.

ANCÊTRES CULINAIRES ET AUTRES INFLUENCES

Même si je ne saurais que trop vous conseiller d'apprendre à cuisiner avec une vraie personne, vous n'en aurez pas toujours une sous la main au bon moment. Dans ce cas, il faudra ouvrir un livre, allumer la télévision ou regarder sur Internet, ce qui n'est pas un problème en soi. Il y a d'excellents professeurs qu'on ne peut connaître qu'à travers des livres, des émissions ou des sites. Alors ne vous en privez pas !

Devenir fan d'un auteur de livres de cuisine ou d'un chef, apprendre sa technique, ses méthodes et ses recettes, se fier à son palais, ses avis, ses enseignements, aide merveilleusement. Plusieurs de mes amis (dont moi) ne jurent que par Julia Child, Deborah Madison ou Nigel Slater et consultent régulièrement (pour ne pas dire quotidiennement) leurs livres de recettes. Ils prétendent même entendre leur voix dans leur tête quand ils font une de leurs recettes ou utilisent une de leurs techniques. Et je comprends tout à fait ce qu'ils veulent dire.

Pour moi, ces personnes influentes sont des ancêtres culinaires que je place au même niveau que les gens qui cuisinaient bien dans ma famille : mes parents et mon grand-père maternel. J'aime sentir leur présence dans la pièce et entendre leur voix dans ma tête quand je fais une de leurs recettes. Je les sens se pencher par-dessus mon épaule et je les entends chuchoter : « Rajoute peut-être un peu de sel » ou « Laisse le concentré de tomates caraméliser un peu – ça donnera plus de goût » et je leur suis reconnaissante de ces généreux conseils.

C'est cela le détail ultime, la touche finale qu'on apporte à un plat : la générosité et la gratitude – avoir conscience de ce qu'on a reçu et apprendre à le redonner.

SE CACHER DANS SA CUISINE

La cuisine est un super endroit pour se cacher ce qui tombe bien, car c'est parfois la meilleure solution quand la vie est trop pesante–, ce qui peut arriver quand on vit au quotidien avec d'autres personnes (conjoint, partenaire, enfants, colocataire…). Une personne sage sait quand elle doit se retirer et disparaître un instant, quand elle a besoin d'être seule pour bien respirer et reprendre pied.

Pourtant, la plupart des adultes ont beaucoup de mal à disparaître. Ils ont des responsabilités et des gens qui comptent sur eux. Ils ont fait des promesses, ont des obligations, des buts et des ambitions et une image d'eux qui s'avoisine à celle d'un « super héros » écrit en lettres d'or sur leur dos. Alors quand le moment est venu de disparaître, ils doivent trouver un moyen de le faire sans que ce soit trop évident. Et c'est dans ce sens que la cuisine est parfaite.

Cuisiner est un bon prétexte. Cela donne l'impression aux autres qu'on est occupé (ce qui, bien sûr, est vrai) alors qu'en fait, on s'est mis en retrait d'eux et du fracas pour s'offrir un peu de temps seul. Cela peut ne durer que 5 minutes (car malheureusement, le fameux fracas peut nous y suivre), mais c'est suffisant pour évacuer un peu de stress et de tension. On peut même entraîner notre entourage à nous laisser seul quand on cuisine, surtout s'il comprend que c'est la garantie d'un bon dîner.

Alors ne vous inquiétez plus, n'hésitez plus à disparaître dans votre cuisine quand l'envie vous prend. C'est un vrai refuge où on peut oublier les soucis de la journée et s'adonner à des tâches simples, voire apaisantes, comme couper, peler et mélanger. Profitez d'être obligé de vous baisser, en mettant par exemple un plat de lasagnes au four pour bien vous étirer. Sentez votre corps se dérouler et votre esprit se vider de toutes les discussions, soucis, distractions inutiles qui l'encombrent. Ouvrez-vous. Respirez. Redécouvrez-vous dans votre cuisine.

COMPTER CE QUI EST PRÉCIEUX

Par temps de famine, le nombre de haricots secs dans le placard. Par temps d'abondance, les piles d'os de poulet et les bouteilles de vin vides. Par temps de tristesse, tellement de larmes qu'elles gâchent le goût de la soupe. Par temps de bonheur, le nombre de couverts à une table de mariage. Au milieu de sa vie, les bougies sur un gâteau. Dans l'enfance, les Smarties. Lors d'une fête, les bulles dans un verre de champagne. Durant un deuil, le nombre de fois qu'on prend une bouchée d'un plat qu'on a déposé à notre porte (aucune).

Quand on plante, le nombre de graines et de rangées. Au moment de la récolte, les paniers de fruits et de légumes. Quand on est malade, les cuillerées de bouillon léger qu'on a du mal à avaler. Quand on est en bonne santé, le nombre de plats dans un restaurant branché plus un dernier verre dans un bar, en bas de la rue. L'hiver, souffler trois fois sur un chocolat chaud. L'été, mettre cinq glaçons dans un grand verre de limonade.

Quand on a confiance, tout. Quand on se méfie, rien.

Avec un bébé, le nombre de petites cuillerées de purée de carotte qui pénètrent dans sa bouche. Avec une personne âgée, le nombre de petites cuillerées de purée de carotte qui pénètrent dans sa bouche, mêlées de souvenirs de fêtes et de vacances inoubliables.

Dans la vie, le nombre incalculable de plats qui nourrissent, requinquent, divertissent, fêtent. Dans la mort, eh bien, on ne sait pas encore.

Quand tout va bien, on est distrait et on oublie de compter. Quand ça va mal, on ne peut que s'en souvenir et regretter de ne pas l'avoir fait.

CUISINER À PLUSIEURS

Il y a deux sortes de gens : ceux qui aiment cuisiner avec les autres et ceux qui préfèrent cuisiner seul. Je comprends cette envie d'être seul : on dirige tout et on est moins distrait. Il est beaucoup plus facile d'être seul en cuisine que de diriger une autre personne avec des rythmes différents ou des idées très arrêtées sur la façon de procéder et qui, au final, est plus un poids qu'une aide. Ou alors, on n'a pas suffisamment de place pour cuisiner avec d'autres personnes, même si, en théorie, cela ne nous dérange pas. Bref, il y a des tas de bonnes raisons de cuisiner seul.

Ceci dit, il se passe un phénomène assez merveilleux quand on cuisine à plusieurs : on partage des plaisirs, comme les odeurs enivrantes et les saveurs subtiles, les moments de triomphe quand on réussit (et la déception quand on échoue) et bien sûr, un autre avis – parfois utile, mais pas toujours. On partage aussi le doux bavardage et l'intimité qui se développent quand plusieurs personnes s'activent autour du même projet. Et aussi le silence, quand on travaille, la tête penchée sur la tâche en cours. Pas besoin de mots pour combler les temps morts, car ils sont suffisamment confortables et chaleureux comme ça.

Le plus difficile, quand on cuisine à plusieurs, c'est de ne pas se marcher sur les pieds, ce qui n'est pas très compliqué si on décide dès le départ qui est le chef. Certaines personnes ont besoin de

commander, un besoin qui peut être exacerbé quand on est dans leur cuisine ou qu'on prépare leur menu. Si c'est le cas, ne vous battez pas. Entrez dans la pièce et dites : « Que puis-je faire ? Comment puis-je t'aider ? » et acceptez les ordres, accomplissez les tâches qu'on vous confie avec grâce. C'est d'ailleurs parfois très confortable de ne pas avoir à tout régenter, de laisser quelqu'un avoir l'entière responsabilité du repas. Si vous n'y arrivez pas, demandez à faire un plat pour pouvoir canaliser votre énergie de leader dans un microprojet. Et si quelqu'un essaie de tout diriger dans votre cuisine, faites pareil : donnez-lui un plat à faire, une recette suffisamment compliquée pour l'occuper un bon moment.

Pourtant, le plus important, quand on cuisine à plusieurs, c'est de rester ouvert et disponible. On a tous des idées sur la façon de procéder et on a souvent envie de les défendre. Même si ces idées peuvent être utiles, il vaut souvent mieux se taire. Quand on arrive en disant : « Que puis-je faire ? » et qu'on s'exécute sans mettre son grain de sel, on fait un beau cadeau aux autres, à l'intérieur comme à l'extérieur de la cuisine.

Pour terminer, un conseil sur la notion de « se marcher sur les pieds » dans le sens propre du terme. Dans certains restaurants, on a coutume de dire « attention » avant de se déplacer dans la cuisine ou de toucher légèrement l'épaule de l'autre pour lui indiquer qu'on est là. En faisant cela, et en prenant l'habitude de marcher en tenant les couteaux la pointe en bas, légèrement appuyés contre la cuisse, on est sûr de travailler dans la joie et la sécurité.

GÂTEAU ET INVITÉ SURPRISE

Un des plaisirs de la vie est la spontanéité, une qualité qui manque souvent aujourd'hui à cause d'agendas aussi remplis et cadrés que ceux de champions olympiques. Pourtant, inviter quelqu'un à venir boire une tasse de thé ou passer à l'improviste chez un ami parce qu'on se trouve dans son quartier est un vrai bonheur qu'on devrait partager plus souvent.

Le mieux, pour encourager la spontanéité, c'est curieusement de favoriser le contraire : la préparation. Si vous voulez apprendre à apprécier les réunions improvisées, simplifiez-vous la vie en ayant un garde-manger bien garni. Ils peuvent être de toutes sortes quoi que, personnellement, je préfère les gâteaux maison tout simples comme le *carotte cake*, le gâteau aux noix, le gâteau au chocolat et le gâteau au yaourt. Et j'en prépare deux d'un coup. Une fois refroidis, j'en congèle un pour plus tard et je garde l'autre dans une boîte hermétique pendant une semaine.

Au moment de le servir, je coupe une tranche, je la mets sur une jolie assiette et je la saupoudre de sucre glace. C'est excellent avec une tasse de café noir ou même un petit verre de porto ou de vin pétillant. Si le gâteau date un peu, je le ravive avec une couche de confiture ou quelques gouttes de miel chaud. Ce gâteau est aussi fabuleux pour calmer une envie de sucré après manger sans que ce soit trop lourd ou trop compliqué.

Se permettre de vivre des moments spontanés donne à la fois de la joie et de la satisfaction. Nous devons ouvrir nos portes, prendre des voies de traverse, faire de temps en temps une entorse à notre emploi du temps pour pouvoir accueillir l'inattendu. Ce faisant, nous découvrons que nous sommes capables d'être flexibles, confiants et que notre vie est plus riche quand on y ajoute des expériences, des pensées, des découvertes glanées hors de notre zone de confort habituelle.

Le plus formidable, c'est qu'on n'a pas besoin d'aller dans des pays exotiques pour le ressentir. Il suffit d'être plus spontané, de changer sa routine, d'ouvrir de nouvelles portes dans sa vie de tous les jours. Faites un gâteau basique et invitez le monde à boire une tasse de thé.

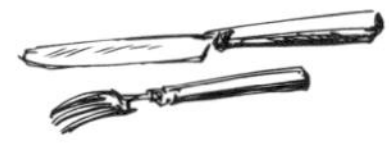

LE GÂTEAU AUX ÉPICES DE MA MÈRE

Ma mère sert ce gâteau avec un glaçage au fromage et à la crème, mais il est aussi délicieux, pour ne pas dire encore plus délicieux, servi avec une fine couche de sucre glace. Tout le monde l'aime, même ceux qui ne sont pas spécialement fans de gâteaux.

(pour deux gâteaux de 20 centimètres de diamètre)
170 g de beurre doux, ramolli, plus de quoi graisser les plats • Farine pour les plats • 21/2 tasses de farine • 1 cuillerée à café de levure chimique • 1/2 cuillerée à café de bicarbonate de soude • 1/2 cuillerée à café de cannelle en poudre • 1/2 cuillerée à café de cardamome en poudre • 1/2 cuillerée à café de gingembre en poudre • 1/2 cuillerée à café de noix de muscade fraîchement râpée • 1 pincée de clou de girofle en poudre • 1/2 cuillerée à café de sel • 1 tasse remplie de sucre roux • 1/2 tasse de sucre • 3 gros œufs • 1 cuillerée à café d'extrait de vanille pur • 1 tasse de crème fraîche

Préchauffez le four à 180 °C. Beurrez et farinez deux moules à gâteau ronds de 20 centimètres de diamètre.

Dans un bol moyen, fouettez la farine, la levure chimique, le bicarbonate de soude, la cannelle, la cardamome, le gingembre, la noix de muscade, les clous de girofle et le sel jusqu'à ce qu'ils soient bien mélangés.

Dans un grand bol ou à l'aide d'un mixeur sur socle muni d'un batteur plat, battez le beurre, le sucre roux et le sucre jusqu'à ce qu'ils forment une crème, en raclant les parois du bol si

nécessaire. Ajoutez les œufs, un par un, en battant bien le mélange à chaque fois. Terminez par la vanille et la crème.

Ajoutez le mélange à base de farine et battez jusqu'à ce qu'il soit bien incorporé, en raclant les parois du bol si nécessaire.

Versez le mélange dans les moules en le répartissant uniformément. Faites cuire 30 à 35 minutes ou jusqu'à ce que les gâteaux commencent à se détacher des bords et que le milieu se dégonfle quand on le touche légèrement. Laissez refroidir 10 minutes, puis placez les gâteaux sur une grille et laissez-les refroidir complètement.

Recouvrez un gâteau d'une double couche de film alimentaire ou de papier cuisson et gardez-le au congélateur jusqu'à trois mois. N'oubliez pas de mettre une étiquette indiquant la date et le contenu. Enveloppez l'autre gâteau de papier alimentaire et gardez-le dans une boîte hermétique pendant une semaine. Son goût va s'améliorer avec le temps.

Servez-le en tranches sur une assiette. Pour plus d'effets, recouvrez-le d'une crème fouettée légèrement sucrée. Autre idée : ajoutez des petits bouts de gingembre confit dans la crème fouettée. Toutefois, ce gâteau est une pure merveille avec du sucre en poudre, une tasse de café noir et, dans le meilleur des mondes, quelqu'un de merveilleux avec qui le partager.

CUISINER AVEC SES ENFANTS

Cuisiner avec ses enfants est un sujet qui mérite d'être traité séparément, d'où ma frustration de l'aborder de façon très superficielle dans ce livre. Quoi qu'il en soit, je ne voulais pas oublier ces instants à la fois délicieux et délicats. Les enfants sont curieux de nature, et la cuisine les fascine. Ils adorent la nourriture, ils adorent se salir les mains, et ils aiment participer. Si votre enfant est comme ça, profitez de cet intérêt naturel pour la cuisine pour en faire votre mini-assistant.

Les capacités motrices et l'attention d'un enfant varient en fonction de son âge. Pourtant, même s'il est encore maladroit et distrait, il a beaucoup à offrir. Et plus vite il commencera, plus vite il deviendra un cuisinier entreprenant, talentueux et impliqué. Je l'ai vu à maintes reprises et ne puis que vous recommander de cuisiner avec vos enfants.

Commencez petit et simple. Offrez à votre enfant son propre tablier, un couteau adapté à sa taille et un tabouret sur lequel monter. Restez près de lui, expliquez-lui les consignes de sécurité et laissez-le être curieux. Autre suggestion très amusante : impliquez-le dans la préparation de tout un repas (planification, courses ou récolte, préparation des ingrédients, cuisson, service et nettoyage final). Il ne va bien sûr pas pouvoir tout faire, mais comme il sera impliqué à chaque étape, il pourra beaucoup apprendre et se faire un plaisir de dire qu'il a tout préparé !

Sinon, on peut aussi lui apprendre une technique particulière, comme faire du pain. Quand j'étais petite, mon grand-père et mon père faisaient de l'excellent pain, et je prenais beaucoup de plaisir à les aider. Je me souviens même d'une petite boule de pain que mon grand-père m'avait achetée et l'odeur de la cannelle et du sucre quand j'aidais mon père à les incorporer dans la pâte – le parfum entêtant du levain tempéré par le sucre et la saveur riche et chaude de la cannelle.

Ce temps passé avec votre enfant dans la cuisine va bien sûr être épique pour tous les deux, mais je doute que vous le regretterez. Et, si vous n'avez pas d'enfant, je ne serai que trop vous conseiller d'en « emprunter » un pour profiter de leur fraîcheur, de leur enthousiasme et de leur énergie.

ÊTRE PATIENT AVEC LES AUTRES

L'une des meilleures façons d'apprendre à être patient est de se confronter aux ingrédients et aux différentes étapes du travail en cuisine. Un simple poulet pas assez cuit permet d'apprendre, à la dure, que cela ne sert à rien de vouloir aller trop vite, qu'il faut laisser du temps au temps. Mais le plus compliqué, c'est d'apprendre à être patient avec une autre personne, avec ses attentes, ses désirs et ses envies.

Or l'intimité dans une cuisine peut épuiser notre patience. En effet, elle nous oblige à accueillir les choses dans leur entier, à les gérer sous tous leurs aspects : les bons, les meilleurs et les difficiles. Travailler à plusieurs ou nourrir quelqu'un qui n'apprécie pas nos efforts et dont les demandes nous semblent injustes peut également être très frustrant et très décevant. Du coup, on se demande : « Et maintenant, quoi ? », autrement dit : « OK, ça va être compliqué, alors qu'est-ce qu'il est possible de faire ? » La patience est le premier pas vers la réponse à cette question.

Quand on est patient avec quelqu'un, on ne le repousse pas. Au contraire, on le laisse s'approcher. Cela peut être difficile, surtout si on ne l'apprécie pas, mais cette proximité permet de trouver une solution. Cela permet de voir ce qui se cache derrière la difficulté et peut-être même de découvrir quelque chose de lumineux et de beau. Et dans le pire des cas, c'est mieux que d'être distant et insatisfait.

Il n'y a pas de solutions simples aux frictions entre les gens mais, si on veut de l'intimité, si on veut de la proximité, si on veut une solution durable à un problème, il faut réussir à être patient. Or, la patience n'est pas une vertu qui vient facilement. Il faut souvent chercher loin et travailler beaucoup pour la trouver. Mais sans elle, on ne peut pas participer au ballet parfois difficile, souvent naturel et toujours exquis de l'intimité.

COMPARAISONS TERRIBLES, HORRIBLES, INUTILES

Un jour, une de mes voisines m'a spontanément invitée à venir dîner chez elle, un calme soir de semaine. Elle n'avait pas grand-chose, juste quelques basiques du supermarché local et de quoi faire une salade. En plein repas, elle m'a avoué qu'elle avait failli renoncer à m'inviter à cause de ses maigres provisions. « Tu es un tel gourmet que tu dois faire des repas fabuleux. Le mien est nul en comparaison. »

En fait, quand on cuisine pour nourrir les autres, il ne faut pas – jamais – comparer.

Si ma voisine s'était laissée influencer par ses pensées critiques, l'issue aurait été tragique : elle ne m'aurait jamais invitée. On aurait loupé l'occasion de profiter de la compagnie de l'autre, d'avoir une conversation agréable, de découvrir que nous avions toutes les deux le même pot en forme de pomme dans notre cuisine. Je n'aurais pas pu non plus feuilleter sa magnifique collection de livres, admirer ses adorables chatons et, bien sûr, savourer son merveilleux repas. J'ai passé une soirée délicieuse, repas compris, qui a failli ne pas avoir lieu.

Moralité : passer son temps à se comparer aux autres est une terrible, horrible habitude qui gâche la vie. Cela empêche d'agir.

Cela empêche de se lier aux gens. Cela empêche de s'amuser. Alors arrêtez !

Bien sûr, on ne peut pas toujours y échapper. Les hommes ont, par nature, l'habitude de se mesurer les uns aux autres ou même de comparer leur motivation. C'est un moyen d'apprendre et de grandir à condition de ne pas s'y complaire car, si on ne fait que cela ou si on n'agit qu'en fonction de cela, tout est perdu. Laissez le travail des autres vous inspirer, vous motiver et si l'envie de vous comparer à eux vous prend, faites une pause, respirez un grand coup et appuyez sur « reset ».

Plus facile à dire qu'à faire, c'est vrai. Mais il faut essayer, quitte à étouffer les pensées négatives, car le besoin de se comparer aux autres est solidement ancré en nous. Ou alors, il faut les ignorer pour pouvoir faire de notre mieux avec amour et courage, en espérant que tout se passe bien. Tous les gens dignes de votre attention et de votre amour auront plus envie de passer un bon moment avec vous que de pinailler sur la nourriture. Alors ne vous inquiétez pas. Quoi que vous posiez sur la table, cela ira, cela sera suffisant et délicieux, sans comparaison possible !

SE RÉFUGIER

Parfois, quand j'ai trop de stress, d'obligations, de déceptions, je ferme ma porte, j'enfouis mon téléphone sous mes oreillers et je commence à couper des carottes.

Quand j'ai coupé toutes les carottes, je passe aux oignons.

Quand j'ai coupé tous les oignons, je hache quelques gousses d'ail.

Généralement, quand j'en ai fini avec l'ail, je suis plus détendue, plus présente et peut-être un peu plus heureuse.

Il est alors temps de passer au gingembre. Et enfin de me lancer dans la fabrication d'une soupe de carottes.

Parfois, la cuisine est un refuge.

Mais ce n'est pas forcément un havre de paix. On peut être anxieux dans une cuisine, car tous ces couteaux tranchants et ces plats bouillonnants sont potentiellement dangereux. Mais après une journée stressante au travail ou chaque fois que la vie devient trop compliquée, je prends avec plaisir mon couteau et je me perds dans l'acte de simplement couper des carottes.

Les carottes n'ont pas besoin qu'on leur fasse de rapports, qu'on négocie avec elles. Elles ne cassent pas, ne doivent pas être mises à jour et ne tombent pas malades. Elles se fichent d'être pelées ou de savoir si elles vont être coupées en tranches fines ou épaisses. Bref, les carottes n'attendent rien de moi. Couper des légumes est simple et régénérant, comme faire la vaisselle ou ranger les courses.

Dans une cuisine, on ne se réfugie pas toujours pour se mettre à l'abri de quelque chose. On se réfugie dans quelque chose : quand je me réfugie dans le poids et la chaleur du soleil qui balaie le rebord de la fenêtre de ma cuisine, je me sens un peu plus légère. Quand je me réfugie dans les aliments que je manipule, leur couleur et leur texture ainsi que le bruit du couteau sur la planche à découper, j'arrive à oublier mes soucis.

On peut aussi trouver refuge dans la sensualité de la cuisine, dans les odeurs et les bruits d'un plat qu'on prépare. Sans parler bien sûr du goût, de la température, du bel orange d'un tas de carottes fraîchement coupées.

Se réfugier dans sa cuisine c'est aussi, pour moi, passer du temps dans cette petite pièce désordonnée que j'adore avec son minuscule four et son lino craquelé. Voir que les placards, pour l'instant, sont pleins et que j'ai la force de tenir debout sur mes jambes devant la planche à découper. Se réfugier, c'est savoir apprécier le moment.

Votre cuisine est-elle un refuge ? Sortez-vous une certaine recette, ou accomplissez-vous une certaine tâche quand vous êtes angoissé ? Regardez : qu'y a-t-il d'appréciable là, maintenant, juste devant vos yeux ?

Soupe de carottes toute simple pour moments difficiles

Pelez et coupez un oignon jaune. Faites-le revenir dans une casserole avec une cuillerée à soupe de beurre ou d'huile d'olive sur feu moyen, en remuant de temps en temps.

Pendant ce temps, épluchez et coupez suffisamment de carottes pour qu'il y en ait environ trois fois plus que d'oignons. Quand l'oignon est translucide, mettez les carottes et remuez. Ajoutez quelques pincées de sel.

Émincez une ou deux gousses d'ail et mettez-les de côté. Coupez finement un morceau de gingembre – de la taille d'un pouce si c'est une grande soupe ou si vous aimez vraiment ça. Sinon, pour une petite casserole, mettez-en moitié moins.

Ajoutez l'ail et le gingembre dans la casserole et mélangez. Au bout d'une minute, versez suffisamment d'eau ou de bouillon (de poulet ou de légumes) pour couvrir les légumes sous deux bons centimètres de liquide. Couvrez partiellement et laissez mijoter jusqu'à ce que les carottes soient tendres.

Retirez la casserole du feu et laissez refroidir quelques minutes.

Si vous avez un mixeur plongeant, félicitations ! Vous savez vous simplifier la vie. Utilisez-le maintenant !

Si vous n'en avez pas, ce n'est pas grave. Faites votre soupe avec un robot ménager ou un mixeur. En revanche, si c'est chaud, faites-le

en plusieurs fois pour ne pas vous brûler. Et quand ce sera terminé, filez vous acheter un mixeur plongeant !

Si besoin, diluez la soupe dans du liquide : de l'eau ou du bouillon en sachant qu'on peut aussi mettre du lait, du lait de soja ou de la crème.

Pour garnir la soupe, c'est comme vous voulez en fonction de votre humeur et de ce que vous trouvez dans vos placards : des herbes finement hachées comme du thym, de la menthe ou du romarin. De la sauce piquante, un oignon vert finement émincé et un peu d'huile de sésame grillé. De la crème fraîche entière ou légère et quelques zestes de citron. Des graines de cumin grillées et un nuage de paprika fumé. Quelques gouttes de yaourt saupoudré de curry et de brins de coriandre.

UN DERNIER MOT SUR LA MÉDITATION

C'est compliqué de méditer. Souvent, on veut s'y mettre parce qu'on croit, à tort, que cela va apporter du calme et de la sérénité à nos vies surbookées et compliquées. On croit qu'on va pouvoir rétrograder de la cinquième vitesse au point mort en s'allongeant par terre et en écoutant sa respiration pendant 20 minutes. Et que, d'une certaine manière, notre moi surmené et éreinté va trouver le repos dans l'étreinte chaude et reposante du bonheur.

Eh bien c'est faux, comme tous ceux qui ont essayé de méditer le savent. Rester assis dans le calme, sans communiquer avec personne, sans pouvoir de quelque façon que ce soit affirmer notre place dans l'univers est souvent très difficile. Quand on doit juste se concentrer sur le mouvement de notre cage thoracique quand on respire, on se retrouve soudain confronté à nos pensées, dans toute leur véracité, sans filtre et sans censure. Et même quand on arrive à lâcher prise, on sent des douleurs ici ou là, ou on se rend compte que notre corps ne coopère pas du tout. Ou alors on est nerveux et agité.

Cela ne veut pas dire que la méditation ne peut pas être un moment de paix et de bonheur. Cela arrive et, avec le temps, parfois plus fréquemment. Autrement dit, quand on médite, on renforce sa capacité à être ouvert, résilient. On laisse le monde se manifester, s'exprimer et être juste comme il est. Et on l'accueille d'une façon qui ne nous rabaisse pas ou qui ne nous renferme pas. Parfois, c'est paisible et d'autres fois, éprouvant et impossible. Et cela change de jour en jour, d'année en année, et même d'instant en instant.

Ce qu'apporte vraiment la méditation, c'est l'intimité. L'intimité avec le corps et toute la sagesse, les secrets, les plaisirs, les douleurs qu'il contient. L'intimité avec l'esprit et la façon dont il exprime notre vraie nature, dont il fonctionne intellectuellement et émotionnellement. Et, bien sûr, l'intimité avec le monde dans lequel nous vivons et, tout particulièrement, l'intimité avec la forme parfois simple, parfois complexe du moment présent.

Reste à savoir jusqu'où peut aller cette intimité ? Et aussi, quelle est sa définition exacte ? Qu'est-ce qui l'aide à se manifester et qu'est-ce qui l'en empêche ? Il n'y a pas de réponses officielles à ces questions. Nous devons tous, chacun de notre côté, explorer et découvrir, réfléchir à la façon dont nous la ressentons, à la façon dont nous réagissons à ce qui vient à nous, à ce que nous rejetons et à ce à quoi nous aspirons. La simplicité de la méditation peut nous y aider en nous extrayant de notre mode de pensée habituel qui, en plus d'être confus, nous surprotège.

Ce que nous trouvons sous la masse de pensées et d'idées peut apporter la paix, ou pas. On peut tomber sur un tas d'émotions comme le chagrin, la colère ou même le plaisir. On peut aussi découvrir une source de créativité d'une profondeur et d'une pureté étonnantes. Ou on ne trouvera peut-être rien de spécial, juste le brouhaha de l'esprit au travail qui ahane comme un train à vapeur, vieux mais fiable, sur ses rails – un produit qu'on a oublié d'acheter, un souvenir de notre grand-mère, la solution à un problème épineux au travail.

Le secret de la méditation (s'il y en a !), c'est la constance. Il faut méditer tous les jours (ou à ce qui ressemble le plus à « tous les jours » pour vous). En revenant constamment à notre place, à ce que certains décrivent comme leur véritable foyer, nous créons un état de confiance qui permet de pénétrer de plus en plus profondément dans nos rouages intimes. Nous commençons à nous faire confiance et à faire confiance à notre capacité à voir et à trier les vérités parfois difficiles, parfois magnifiques, souvent changeantes sur nous-même.

Quand vous méditez, le plus important c'est de ne pas réagir quand les pensées surgissent. Vous y donnerez peut-être suite plus tard, et c'est bien. Mais ce temps que vous vous accordez n'est pas un temps d'action. Restez immobile. Restez calme. Faites confiance au calme.

Postface

La cuisine est souvent la dernière pièce de la maison où je passe avant d'aller me coucher. J'aime y flâner, vérifier que la porte de derrière est fermée, remplir la bouilloire et sortir une tasse pour mon thé du petit-déjeuner. Il y a toujours des bricoles à ranger, une pile ou deux à redresser. Parfois, je pense déjà aux repas du lendemain et je sors quelque chose du congélateur ou j'écris un mot pour penser à aller cueillir un ingrédient.

Pendant un moment, je préparais du yaourt presque chaque soir. Avant d'aller au lit, je mettais du lait à chauffer, je le versais dans un bol, j'incorporais le ferment, je le couvrais et je le laissais reposer toute la nuit. Et le matin, miracle : j'avais du yaourt frais, fait maison pour le petit-déjeuner. C'était un joli rituel et je me rappelle combien j'aimais ces moments de calme, debout au-dessus de ma gazinière, à remuer le petit pot de lait en réfléchissant à ma journée. (Note à moi-même : recommencer à faire du yaourt.)

La cuisine est l'endroit le plus important chez moi. Mon appartement est très petit et ma cuisine qui en occupe presque la moitié est devenue naturellement l'endroit où je passe le plus de temps. C'est l'ancre de ma maison, l'ancre de mon cœur. J'y vais quand je veux sentir son poids, quand j'ai viscéralement besoin d'avoir un sens d'appartenance, de ressentir de la gratitude, de la légèreté et de la reconnaissance. C'est ici que je nourris mes amis et ma famille, et c'est ici qu'on me nourrit d'une façon bien plus qu'alimentaire. C'est ici que j'apprends et que j'assimile les leçons de vérité, de gratitude, de curiosité et de générosité. C'est ici que je suis le plus moi-même.

J'espère que vous aussi.

Petit pot de yaourt pour la journée

2 tasses de lait entier ·
2 cuillerées à soupe bombées de yaourt nature

Dans une casserole à fond épais posée sur feu doux, faites chauffer doucement le lait jusqu'à 85/90 °C en remuant gentiment pour l'empêcher de brûler. Retirez du feu et versez-le dans un bol de taille moyenne pour l'aider à refroidir. Remuez jusqu'à ce que la température soit retombée à environ 45 °C. Au début, il vaut mieux utiliser un thermomètre même si, à la longue, on finit par savoir la température rien qu'au toucher.

Placez le yaourt dans un petit bol et incorporez un peu de lait chaud au fouet pour le diluer. Versez la préparation dans le restant de lait et remuez pour mélanger. Couvrez hermétiquement avec une assiette (ou du film alimentaire) et placez le bol dans le four éteint mais avec la lumière allumée (pour la chaleur). On peut aussi le laisser sur le plan de travail, enveloppé dans un torchon épais et blotti contre une bouillotte ou sur un coussin chauffant réglé au niveau le plus faible. Tout dépend de la température de la pièce ou de la saison. Le but, c'est de garder le yaourt le plus chaud possible, car pour être actif, il doit être à 40 °C environ.

Ne serait-ce pas plus facile avec une yaourtière ? Si, bien sûr. Ne pourrait-on pas, pour être plus efficace et avoir un stock d'avance, en faire plusieurs d'un coup ? Si, bien sûr. Mais l'intérêt de tout ça n'est pas de se faciliter la tâche ou de la rendre plus rapide. On nous demande suffisamment d'être efficace dans la vie, non ?

L'intérêt de tout cela, c'est d'être au calme, d'apprécier le processus et de mettre en place un rituel simple qui incite à être présent et contemplatif.

Le lendemain, sortez le bol du four et dégustez le yaourt aussitôt ou mettez-le au réfrigérateur.

Avec un grand salut de gratitude et de respect pour Nigel Slater dont je me suis inspirée.

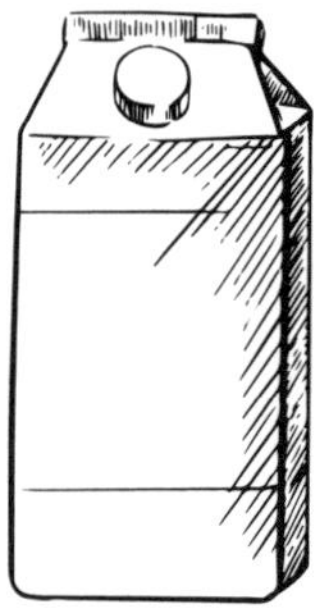

Remerciements

Même si c'est mon nom qui apparaît sur ce livre, il doit aussi (vraiment) la vie à des douzaines de personnes.

D'abord et avant tout : Jack et Lorrie Velden, mes parents. Mon père : l'expert en gâteau roulé à la cannelle, en concombre mariné et en compote de pommes maison. Cela fait presque quinze ans que je ne t'ai pas vu. Tu me manques encore beaucoup. Ma mère : une excellente cuisinière dont les plats quotidiens m'ont fait grandir et continuent de m'inspirer, et à ses coups de fil de milieu de semaine pour me parler de cette nouvelle recette délicieuse parue dans le journal.

À mes nièces, Sara et Jennie, qui perpétueront mon héritage. Je le leur confie en toute confiance.

À Elissa Altman, qui m'a mise en relation avec mon agent, l'incroyable Sharon Bowers, et avec ma merveilleuse éditrice de chez Rodale, Ursula Cary Ziemba. Et par « mise en relation », je veux dire « branchée comme un sapin de Noël », ou devrais-je dire « une Menorah électrique » ?

À Ursula, ma toute première éditrice. Tu as été douce et gentille, patiente et précise. Tu as été parfaite et j'ai beaucoup de chance. À Carol Angstadt et le reste de l'équipe Rodale qui a transformé un tas de feuilles volantes en un beau livre.

À Faith et Sara Kate du site *The Kitchn* pour avoir vu le diamant caché en moi et trouvé l'endroit où le faire étinceler. Et aussi à

Maxwell d'*Apartment Therapy* d'avoir facilement accepté que j'utilise des textes déjà publiés.

À Florence Caplow, ma très chère amie et fervente supportrice. Twin lakes, des lacs jumeaux profonds et calmes : de l'eau qui s'étend à perte de vue sous un beau clair de lune. Et aussi notre périple « dharmista », les lentilles de l'Ombrie et les collectes de fonds secrètes.

À Scott et Ray qui m'ont nourrie pendant des années avec gentillesse et amour. À Naomi Shihab Nye qui, en une seule fois, m'a insufflé tellement d'énergie que j'ai trouvé une once de courage enfouie en moi. C'est tout ce qu'il faut : une once de courage et la trouver. À Deborah Madison pour un millier de raisons : ses livres, sa nourriture, son amitié et pour m'avoir permis de passer du temps sous l'immense ciel bleu du Nouveau Mexique.

À Katharine Shields pour m'avoir montré comment vivre dans l'ombre et la lumière. Tu m'inspires toujours, même quand tu ne le sais pas. À Renshin Bunce pour m'avoir aidée à voir la poésie des marchés de producteurs et à trouver le réconfort et la joie dans les boutiques de soutiens-gorge. À Siobhan pour son pudding de Noël et sa longue amitié. À John Gruenwald pour ce qui était avant et pour l'amitié qui en a découlé.

À Karissa Sellman pour la caméra qui m'a ouvert les portes du monde et Dana Elliott qui en a fait de même en me permettant d'acheter un bon ordinateur. À Anne Louise Hoffman pour ses livraisons discrètes de vrais œufs de vraies poules et ses idées de génie, et à David Woolman pour m'avoir alimentée avec ses raids à l'épicerie, son amitié et ses sempiternels bols de rāmen. À mes amis et à la *sangha* (la communauté) du Zen Center de San Francisco ainsi qu'aux nombreux cuisiniers qui m'ont appris à cuisiner là-bas. À Paul Haller, mon professeur, même quand il ne l'est pas.

À mes compagnons d'Avontopia : Aya et Coreay et la petite Miya ; Adriana et ses garçons ; Clark et Eve ; Ben, Robin et Zeus le super-chien ; et surtout à Alice grâce à qui je peux vivre au paradis (et pour les livraisons occasionnelles de tortillas emballées dans du papier kraft de chez El Molino Central).

Au groupe de méditation de Richmond dont le *dana* (l'allocation professeur) m'a littéralement alimentée durant les mois où j'ai écrit ce livre et dont les questions et les observations sur leur pratique m'ont aidée à améliorer la mienne. Aux employés du matin de *Pizzaiolo* dont le café, le yaourt et le granola (et les donuts) m'ont donné le carburant nécessaire pour écrire beaucoup de chapitres de ce livre. À la communauté de cuisiniers d'Oakland, Californie, et à leur nourriture : j'espère que votre volonté de procurer de la nourriture de qualité à tous va continuer de faire des émules et que la justice et la souveraineté l'emporteront.

Et enfin merci à tous mes amis et anges gardiens qui m'ont soutenue, conseillée, guidée, encouragée, transmis leur enthousiasme : Dianne Jacob, Rachel Cole, Carrie Sullivan, Mimi Saunders, Lee Lipp, Susan O'Connell, Anna Thorn, Daigan Gaither, Connie Stoops, Julia Allenby, Judith Randall, Jennie Schact, Kathy Keller, Kathryn Gilmore, Mary Muszyinski, Ray Arata, Sherri Nordwall, Marie Martin, Samin Nosrat, Erin Scott, Tara Austin Weaver. Je sais que j'en oublie plein. J'espère que vous me pardonnerez.